Dieu en son jardin

Jean-Marie Pelt

DIEU EN SON JARDIN

Entretiens avec
Alphonse et Rachel Goettmann

Desclée de Brouwer

76 *bis*, rue des Saints-Pères, 75007 Paris
www.descleedebrouwer.com

ISBN 2-220-05288-5

Quiconque veut s'emparer du monde
et s'en servir court à l'échec.
Le monde est un vase sacré qui ne supporte pas qu'on s'en empare et qu'on s'en serve.
Qui s'en sert le détruit.
Qui s'en empare le perd.

Lao Tsé, *Tao-te-king* 29

« Les hommes et les femmes sont des sujets de parole, des sujets de liberté et on ne peut s'adresser à eux qu'en respectant leur autonomie de décision et leur capacité de réflexion. »

Monseigneur Albert Rouet
Évêque de Poitiers

« La sagesse est l'affaire des vieillards » (Jb 12,12)

Alphonse & Rachel Goettmann : Notre amitié profonde, déjà ancienne, a son origine dans une anecdote peu commune. Un jour, vers minuit, alors que nous étions dans le premier sommeil, le téléphone sonne : « Je viens de terminer la lecture de votre livre sur Graf Dürckheim qui m'a retourné et je voudrais vous rencontrer rapidement[1] », dit une voix comme pressée par l'urgence. C'était vous, Jean-Marie Pelt, et c'est ainsi que le lendemain, nous étions en tête à tête ; notre échange n'a plus jamais cessé depuis. Nous vous connaissions de réputation à travers les médias, en particulier ces admirables émissions et livres où le scientifique que vous êtes a su mettre à la portée de chacun les problèmes parfois difficiles de l'écologie et l'éveiller à sa responsabilité personnelle. Comme nul autre, vous avez montré la place de l'homme dans l'univers et son lien substantiel avec l'ensemble de la création, la beauté mystérieuse et unique à chaque être jusqu'au plus petit champignon qui se cache sous un arbre. En vous écoutant et en vous lisant, vous nous entraînez dans votre propre émerveillement et on se laisse vite posséder par la même passion. Cette unité si profonde chez vous entre l'intellect et le cœur, la science et l'expérience émotionnelle est frappante. C'est sans doute cela qui touche le plus ceux qui vous approchent, car il y a au fond de chacun la nostalgie de cette

1. A. Goettmann, *Graf Dürckheim – Dialogue sur le Chemin initiatique*, Albin Michel, 2000 (rééd.).

réalité perdue. Dans ce dialogue que nous allons entreprendre avec vous, nous aimerions vous rencontrer dans cette autre profondeur, celle qui est toujours à l'arrière-plan de votre pensée et de votre parole, celle qui en est à chaque moment la source secrète. Nous n'allons donc pas parler d'écologie, des plantes, des problèmes de notre temps et de vos sujets favoris qui sont bien traités dans vos nombreux livres, mais de qui est Jean-Marie Pelt, et d'abord où et comment votre vie a-t-elle pris son orientation fondamentale. Peut-on détecter un germe premier ?

Jean-Marie Pelt : Depuis ce coup de téléphone de 1982 j'ai dû beaucoup changer car il ne me viendrait plus à l'idée de réveiller des gens que je ne connais pas à minuit ! Mais c'était l'enthousiasme. J'avais été vraiment bouleversé par ce livre, ébloui par ce que j'y avais trouvé, et qui correspondait à ce que je cherchais intuitivement depuis des années. Un livre sur la vie, sur l'art de l'apprivoiser, de l'épouser, de faire avec. Pas seulement des règles de conduite sèches, des principes immuables, des lois générales, intangibles. Tout cela la religion me l'avait donné pendant toute mon enfance, toute mon adolescence, et toute la première partie de ma vie. Dieu sait que l'on savait ce qui était permis et ce qui ne l'était pas. Mais je sentais bien que cela ne fonctionne pas tout à fait comme ça, que chaque être est unique, que chaque vie suit un itinéraire qui lui est propre, à nul autre pareil. Je savais depuis longtemps qu'on ne pouvait enrégimenter la vie, si mouvante, si secrète, si imprévisible, si mystérieuse dans son étonnante diversité. C'est tout cela que j'avais trouvé dans ce livre où la vie nous est révélée pour ce qu'elle est : un chemin initiatique. J'y découvrais la pensée de Graf Dürckheim si peu connu en France. J'ai lu ensuite tous ses livres. J'avais trouvé un maître spirituel.

Rachel : Si vous avez été si sensible à cet aspect de la vie traité dans ce livre, c'est parce que, justement, une certaine aspiration demeure en vous et que quelque chose vous poussait à la retrouver. Où est-ce que cela se niche dans les commencements ? Quand est-ce qu'il y a, dans votre vie, une première culbute vers une orientation plus fondamentale, plus personnelle, une espèce de germe, comme on le disait tout à l'heure ?

Jean-Marie : Ce germe est là dès l'origine. Aussi loin que je remonte dans le passé, je n'arrive pas à voir dans mon enfance, ni dans mon adolescence des discontinuités. Il y a eu très tôt une puissante attirance vers le divin qui s'est d'ailleurs christianisée par la suite. Au début, c'était plutôt le « Père Tout-Puissant ». J'éprouvais en même temps un attrait très fort pour la nature. Durant toute ma petite enfance, je vivais immergé dans le jardin de mon grand-père où je filais dès la sortie de l'école maternelle ; c'était, dans le sens écologique du terme, mon premier milieu de vie. J'avais trois ans. J'aidais grand-père à planter, à semer, à tirer le cordeau ; je lui passais les instruments. J'étais très affairé : je comptais les jours pour savoir quand les carottes allaient sortir : « Ah ! les voilà qui pointent ! » Les petits pois allaient sortir aussi ; ils ne sortaient pas comme les haricots, parce que quand le petit pois sort, ce sont ses deux petites feuilles qui sortent et le petit pois reste dans la terre, tandis que le haricot sort de terre avec ses deux petites feuilles. Mon grand-père m'expliquait tout cela. J'étais très attentif. Et puis, il y avait l'église où j'allais avec grand-père. Nous ne manquions pas un seul office. Le souvenir que je garde de cette petite enfance, c'est l'idée d'une formidable cohérence, une cohérence que le monde a complètement perdue. Je n'y trouve plus de cohérence nulle part ! Moi j'ai vraiment été élevé tout petit dans une cohérence formidable entre le Créateur et la création, Dieu et la nature au cœur d'une petite famille chaleureuse dont j'étais, hélas, l'enfant unique. Tout cela, c'était complètement cohérent, harmonieux.

Mais il y a un point de ma petite enfance qui me revient parce qu'il introduit une légère dissonance. Très tôt, j'ai découvert une sorte de malhabileté de mon corps. J'étais maladroit. Par exemple, quand j'allais faire des commissions, je tombais souvent. Un jour, je suis tombé dans une bouse de vache et j'ai dit : « Le petit Jésus m'a poussé exprès dans la bouse de vache et j'avais pourtant rien fait de mal. » Une autre fois, j'ai quitté l'école maternelle parce qu'il fallait faire des espèces d'entrelacs avec des petits papiers colorés pour faire des petits dessins. Mais je n'y arrivais pas. Alors j'ai dit à la « chère sœur » : « Je suis trop petit pour faire des choses comme ça, je n'arrive pas, voilà. » Et j'ai tout jeté par terre et suis rentré à la maison. J'ai pris une raclée terrible, et maman m'a vite ramené à l'école. Cette espèce de maladresse, je l'éprouve dans ma voiture où je m'emmêle dans les boutons de l'électronique sophistiquée que je n'arrive jamais à faire marcher. D'ailleurs je me perds dans les boutons des engins, et Dieu sait qu'il y en a. Il faut toujours que quelqu'un vienne à mon secours. Bref, en technologie je ne suis pas bon.

Mais cette maladresse est compensée par une certaine agilité dans les pensées. Je ne suis jamais à court d'idées, même si ce ne sont généralement pas des idées reçues. Il y a une sorte d'alliance étrange en moi entre une grande habileté à penser et à ressentir – je ressens les choses en profondeur, très fort – et une vague difficulté d'adaptation. Prenons encore un exemple. Quand je vais à France-Inter, je vois le technicien à sa table de commande : il a une foule de boutons devant lui. J'éprouve aussitôt une grande admiration à son égard, certain qu'il me serait absolument impossible de prendre sa place. Dieu merci personne ne me le demande ! Moi je cause, lui règle la voix et je trouve que c'est bien ainsi. J'admire beaucoup les hautes technologies et ceux qui les manient, mais au fond je n'y comprends pas grand-chose. Je marche avec le micro et le stylo, ce qui m'évite de casser les engins. Voilà une de mes failles. On ne peut pas être cohérent en tout !

Alphonse : L'important est de l'être sur l'essentiel ! On voit la présence du grand-père comme une présence de sagesse ; il a exercé une réelle transmission vis-à-vis de vous et cela vous a littéralement engendré à cette unité, qui est l'essence même de toute sagesse, d'ailleurs. Si on devait approcher par un mot qui définirait quelque sagesse que ce soit, dans quelque tradition que ce soit, ce serait « unité », « cohérence ». C'est parce que l'enfant est encore profondément unifié en lui-même qu'il voit cette unité aussi en dehors de lui.

Jean-Marie : Oui, mon grand-père était un sage... Et peut-être aussi un saint. Prenons le mois de Marie. Je quittais la maternelle à quatre heures, et hop ! je courais au jardin. Grand-père avait été jardinier de profession chez les maîtres de forges de Lorraine. Il avait pris sa retraite et cultivait notre beau jardin de Rodemack en Moselle, non loin de la frontière luxembourgeoise. Tandis que je m'affairais avec lui à l'entretien des plates-bandes, les cloches sonnaient. Bêches et plantoirs nous tombaient des mains sur-le-champ et nous nous pressions aux prières du mois de Marie. Maman rageait : « Les Pelt, dès qu'ils entendent une cloche, il faut qu'ils courent à l'église », ce qui la mettait en colère, car juste à ce moment-là un douanier venait chercher des poireaux. Eh bien tant pis pour le douanier et ses poireaux ; il fallait d'abord aller au mois de Marie, et le douanier viendrait acheter ses poireaux le lendemain. Dieu d'abord, l'économie ensuite ! Ce côté économiquement peu efficace des Pelt, je l'ai en partie hérité ; mais j'ai aussi hérité du sens pratique de ma mère : pratique comme les Clément, mystique comme les Pelt, cela fait un beau mélange !

Alphonse : Mais alors d'où vient ce côté un peu culpabilisant ? Vous tombez dans la bouse de vache et puis votre réaction : « Qu'est-ce que j'ai fait au Bon Dieu pour que cela m'arrive ? » Qu'est-ce que ce Dieu-gendarme ?

Rachel : C'est un Dieu qui punit...

Jean-Marie : Ce n'est pas tout à fait cela. J'ai pensé : « Le petit Jésus m'a jeté dans la bouse de vache », mais je n'ai pas pensé que c'était pour me punir. Je pensais seulement que tout ce qui m'arrivait venait du petit Jésus. Le sentiment de culpabilité est venu avec l'éveil des sens, plus tardivement. Les petits garçons, à un moment donné, prennent tout à coup un vif intérêt à leur petit moineau et moi je ne pensais pas du tout que c'était mal. Mais on nous disait que ce n'était pas bien, que c'était un péché ! Le malheur arriva quand j'avais douze ans. On revenait de l'Allier où j'avais habité pendant toute la guerre avec mes parents, et j'ai été victime d'un de ces redoutables missionnaires qui parcouraient les campagnes lorraines, donnant des prêches pendant une semaine dite de mission. Ce terrible missionnaire est monté en chaire pour commenter les dix commandements. Moi, j'attendais qu'il dise ce qui n'était pas bien dans le sixième commandement, celui sur la luxure redoutable et redoutée, celui-là même sur lequel, je le découvris plus tard, les Églises ont instauré leur pouvoir, par la gestion de la sexualité qu'elles se sont arrogées. Et voilà que notre missionnaire déclara qu'il ne prêcherait ni sur le sixième commandement, ni sur le neuvième touchant tous deux à la sexualité car, de toute façon, pour ces deux commandements-là tout manquement, même mineur, était automatiquement un péché mortel. J'étais foudroyé. Qu'il est dangereux de parler ainsi à des âmes pures et naïves. J'ai tout à coup eu peur de l'enfer, ce que je n'avais jamais eu auparavant. C'est là le genre de travail que je refuse absolument de reconnaître comme étant la mission des Églises. Les Églises n'ont pas à culpabiliser les gens mais à les éclairer, les comprendre, les aider, les accueillir. Pas à les condamner. C'est un souvenir très présent à ma mémoire : foudroyé par la chaire et la chair avec et sans « e ».

Alphonse : On aura certainement à reparler plus tard de la sexualité, de la morale et de tout ce qui a été transmis par l'Église. Mais j'aimerais revenir à ce lit originel qui me semble être fondateur de toute votre vie, de toute votre orientation et de votre chemin spirituel, cette sagesse, incarnée par votre grand-père et qu'il vous a transmise au-delà des plantes ; c'est quelque chose d'assez inexprimable que vous appelez la « cohérence », l'unité des choses...

Jean-Marie : Oui, j'ai ce souvenir-là pendant toute mon enfance. J'ai vécu la période d'avant-guerre et la période de la guerre, dans un très grand bonheur et dans une très grande cohérence. J'étais un enfant très heureux avec une très grande joie d'aller au jardin, à l'église et de jouer avec mes petits copains. Qu'est-ce qu'on pouvait jouer ! Si seulement il n'y avait pas eu les leçons de gymnastique ! Il fallait grimper à la corde, faire des exercices aux anneaux et au trapèze, des choses terribles pour moi. Notre instituteur était un frère des écoles chrétiennes, réfugié du collège de Matzenheim en Alsace. Il aimait la gym. Moi je l'aurais préféré plus spirituel, moins physique. Il me forçait à faire ces exercices que je détestais et révélait par là un trait dominant de mon caractère : je ne supporte pas d'être forcé, d'être enrégimenté, d'être commandé, d'être contraint. D'où ce tempérament indépendant que certains me reconnaissent. Il faut que les projets, les initiatives partent de moi ou me plaisent. Alors je m'y donne à fond. Mais si l'on me force, ça freine et ça patine... Toujours cette relative difficulté d'adaptation, avec en prime, pour la gymnastique, cette étrange maladresse. C'est le seul mauvais souvenir que j'ai de mon enfance. Le seul.

Cette maladresse ne signifiait pas fragilité. Je suis plutôt d'une constitution robuste. Le malheureux chirurgien qui eut un jour à me percer le maxillaire supérieur pour cause de sinusite récurrente me découvrit des « os en béton », diagnostic confirmé plus tard par un stomatologue qui dut s'affairer plus longuement que de coutume sur une méchante dent de sagesse. Ils considérèrent l'un et l'autre mon squelette comme digne d'une longue fossilisation, parfaitement apte à traverser les millions d'années pour devenir, qui sait, le prototype d'une nouvelle variété d'*homo*, peut-être un peu plus *sapiens* que les autres...

Mais hormis mes déboires en gymnastique, j'avais en classe de très bonnes notes. Mais la gymnastique, c'était terrible. Et pourtant au jardin avec grand-père, j'étais leste et efficace... peut-être parce que ça me plaisait.

Alphonse : Ce qui est intéressant dans cette sagesse, c'est ce va-et-vient entre la nature dans laquelle vous plongiez tous les jours, et la mystique dans laquelle vous plongiez en allant à l'église. Ce lien entre les deux, finalement cette unité de tout qui fait que, derrière les petits pois, les haricots ou les fleurs vous sentiez peut-être la même chose qu'à l'église. Ou pas encore ?...

Jean-Marie : Cette approche des petits pois, des haricots et des fleurs, c'était une approche affective, intuitive, contemplative. Bien plus tard, j'ai appris par mon métier de botaniste à disséquer les fleurs. Mais avant de disséquer, j'étais d'abord séduit par leur beauté. La recherche de la beauté a joué un rôle décisif dans ma vie. Au mois de Marie, il fallait qu'il y ait des fleurs partout. C'est moi qui composais les bouquets, les disposais dans les vases et ordonnais les vases sur l'autel. Cet autel, je le décorais avec amour, veillant au moindre détail ; les lys et les hortensias blancs y étaient toujours en bonne place. Tandis que l'obscurité du soir tombait dans l'église et que s'égrenaient les dizaines de chapelets, la statue de la Vierge éclairée par le scintillement des cierges, mon âme plongeait dans une sorte de bonheur indicible. Hors du temps, c'était chaque soir mon bain d'éternité. J'étais ravi par la beauté de Dieu. J'ai eu très tôt l'idée que Dieu est bon, cela on me l'avait appris au catéchisme. Mais instinctivement je voyais Dieu très beau. J'appris plus tard que la beauté de Dieu était une idée des Grecs.

Rachel : Au début de la Bible, quand Dieu crée, souvent les traductions mettent : « Il vit que cela était bon », mais littéralement c'est : « Il vit que cela était beau. »

Jean-Marie : Ah, que c'est beau ! je l'ignorais.

Alphonse : Et voilà pourquoi, mais nous y reviendrons plus longuement, l'antique Tradition a toujours considéré que la beauté, où qu'elle soit, est un Visage de Dieu. Sans pouvoir le dire à cet âge-là, vous avez ressenti peut-être le même Visage derrière les plantes du jardin de votre grand-père qu'ensuite à l'église ?

Jean-Marie : C'était d'ailleurs les mêmes plantes qui allaient de l'un à l'autre puisque mon grand-père contribuait largement à la décoration de l'église. Effectivement, sûrement, oui, il y avait un continuum, cette cohérence à travers la beauté.

Alphonse : Et cela vous a profondément marqué. C'était comme une structure qui vous a été insufflée de façon répétitive, qui vous a forgé en quelque sorte.

Jean-Marie : Oui, il y avait ces deux pôles complètement liés. Avec un côté émerveillé : j'étais un enfant émerveillé, un enfant heureux.

Rachel : Votre grand-père vous a aidé à cet émerveillement ?

Jean-Marie : Je le crois. Je n'en étais pas conscient à l'époque, mais je le ressens aujourd'hui aussi. Plus tard, quand mon grand-père est mort, mon père a occupé la même place. Les fêtes rythmaient notre vie : Noël, Pâques, Pentecôte... c'étaient mes temps forts liés au sapin de la forêt pour Noël et aux églantiers pour Pâques. Quand j'allais pour Noël avec papa chercher le sapin dans la forêt, il y avait une joie intense, subtile harmonie entre l'odeur du sapin, la beauté de la forêt sous la neige, les boules et les cheveux d'ange, la petite crèche, les chants de Noël... cohérence. Un monde cohérent où tout tient ensemble. J'ai vraiment été élevé dans un univers où tout se tenait dans l'harmonie.

Rachel : Et votre père alors a pris le relais ; il travaillait au jardin et vous a emmené de la même façon...

Jean-Marie : Oui, il a pris le relais. Mon père était électricien de métier mais en fait, il était beaucoup au jardin, ce qui mettait ma mère hors d'elle, naturellement. Elle aurait voulu le voir installer l'électricité chez nos clients. Il n'était pas, il est vrai, extraordinairement doué pour gagner sa vie. Nous avions deux ruches, et papa passait beaucoup de temps à construire un rucher pour les abriter. Maman ne supportait pas de le voir bricoler à la maison. Il perd son temps, disait-elle : « Il compte les abeilles. » En fait, il faisait un jardin magnifique, mais cela ne rapportait rien, et nous étions si pauvres...

Alphonse : Votre père, comme électricien, fabriquait de la lumière ?...

Jean-Marie : Ah oui, c'est beau cela. Je n'y avais jamais pensé.

Alphonse : Votre grand-père de la beauté, votre père de la lumière. Et votre mère dans tout cela ?

Jean-Marie : Ma mère c'était la prise de terre. Elle nous ramenait prosaïquement à la réalité du monde, à cette cruelle réalité que sont, par exemple, les fins de mois pour la plupart des petites gens dont nous étions. Croyante, pratiquante, mais pas mystique du tout, elle avait un solide bon sens. Elle aurait aimé que nous soyons les uns et les autres plus doués pour les affaires, que par exemple mon père fasse ses factures : lorsqu'un chantier était terminé... quand il avait mis la lumière, il s'en allait. Il ne faisait pas de relevé sur la quantité d'ampoules, de câbles et d'interrupteurs qu'il avait fourrés dans les maisons ; le chantier fini, il en restait là. J'ai été dressé très très tôt à l'art et à la manière de faire des factures. Après des négociations longues et laborieuses au sein du ménage très troublé par toutes ces considérations, tout d'un coup on s'installait pour faire avec mon père ces fameuses factures. Et là il déclarait subitement : « Je n'ai pas fait de relevé. » « Bon, alors on ne fait pas de factures. » Ma mère enrageait. C'est comme ça que nous avons géré laborieusement la pauvre petite entreprise Pelt qui n'est pas devenue une multinationale.

Alphonse : Vous étiez fils unique ?

Jean-Marie : Oui. Désespoir : je ne voulais pas être fils unique !

Rachel : Qu'est-ce que vous avez reçu de meilleur de vos parents ? Qu'est-ce qu'ils vous ont transmis de plus essentiel ?

Jean-Marie : Tout ce que je suis. Mais dans le contexte que je viens de décrire, tout me prédisposait à ne pas devoir faire d'études. Nous étions très pauvres, vivant du jardin, des poules et des lapins. J'étais donc naturellement destiné à faire de l'électricité ou du jardinage avec mon père. Maman, avec l'aide de son frère, mon oncle

Émile, s'est vraiment saignée pour que je puisse faire des études et de cela je lui suis vraiment reconnaissant. Ce n'était pas évident, de faire des études à l'époque, juste après la guerre : nous venions de retrouver à notre retour en Lorraine une maison vide et délabrée et mon père a eu toutes les peines du monde à retrouver du travail comme artisan.

L'épreuve de l'école – L'école à l'épreuve

Rachel : L'épisode de la guerre a sans doute bouleversé un enfant de votre âge, est-ce que cet épisode a eu des retombées ensuite ?

Jean-Marie : Oui, il y a eu des retombées tragiques, parce que j'ai commencé à ressentir la guerre quand la guerre était finie. Avant, à Marcillat dans l'Allier, nous n'avions pas senti la guerre. C'était pour moi le temps des copains, le temps du bonheur. Nous vivions près d'une ferme et d'un moulin et ne manquions de rien. De plus cette France profonde, le Bourbonnais, l'Auvergne, nous avait accueillis, nous les réfugiés de l'Est, avec une bonté et une générosité que je n'oublierai jamais. Qu'elle est loin aujourd'hui, hélas, cette France-là. L'égoïsme lié au libéralisme et à l'argent est passé par là.

Mais après la guerre, les malheurs ont commencé avec le retour en Lorraine, qui s'est assez mal passé.

Alphonse : C'était à quelle époque, cela ?

Jean-Marie : En 1945. Je me suis retrouvé brusquement à l'école avec des jeunes bien plus âgés que moi qui étaient restés en Lorraine annexée et ne parlaient pas le français. Je me suis senti isolé à cause de la barrière de la langue. L'intégration fut lente et difficile. Ce fut ma première épreuve, vite relayée par le coup d'assommoir du fameux prédicateur, généreux dispensateur de péchés mortels. D'un seul coup, la magnifique enfance émerveillée était finie. Et puis à la maison tout allait mal. Le redémarrage pour mon père a été très laborieux. Pas de travail, maman était déprimée. Je ne sentais plus ce bain sécurisant que j'avais connu avant et pendant la guerre. Finies l'harmonie, la cohérence. Tout cela s'est évanoui quand j'avais douze ans. Ce fut le premier grand tournant et grand tourment de ma vie.

Rachel : L'entrée dans l'adolescence, le passage de l'école primaire à l'école secondaire...

Jean-Marie : Au lycée, ce fut pire. J'exaspérais les copains parce que j'avais de bonnes notes qu'ils attribuaient méchamment au fait que j'apprenais tout par cœur et sans aucune intelligence. Comme j'avais de meilleures notes qu'eux et que j'étais beaucoup plus jeune, en raison de leur retard scolaire dû au passage de l'allemand au français, il fallait que je fasse leurs devoirs ; sans compter les humiliations et les vieux trucs des internats où s'exprime depuis toujours l'agressivité naturelle de notre espèce. Il en est ainsi depuis que le monde est monde – Dieu merci, cela n'a jamais été trop loin. Tout cela est depuis bien longtemps pardonné. J'ai revu un ancien du lycée. Il était gêné ; pas moi. Je suis devenu son ami.

Rachel : Ça, c'était du côté des camarades, des élèves, mais du côté des professeurs ?

Jean-Marie : Il faut bien avouer que je n'ai jamais beaucoup aimé l'école parce que c'était une contrainte et que j'ai toujours été au plus mal avec les contraintes, sinon avec celles que je m'impose moi-même. Mais je m'en suis accommodé. Je trouvais les maths superbement ennuyeuses et complètement inutiles. J'y suis resté totalement réfractaire. J'avais un vif intérêt pour l'histoire et la géographie, la biologie et la chimie. Le reste, je le subissais. Au lycée, je passais beaucoup de temps à la chapelle – en Moselle concordataire, il y a des chapelles dans les lycées –, je servais la messe, trouvant instinctivement le chemin de l'église dans la continuité de ce qui s'était passé auparavant. L'aumônier était un fervent de la Vierge Marie ; il me parlait de saint Bernard et nous chantions le *Salve Regina*. Mais je n'ai jamais osé lui parler des fameux péchés mortels, de peur qu'il ne confirme les imprécations du zélé missionnaire des campagnes qui ouvrait toutes grandes les portes de l'enfer !

J'ai gardé de la phase lycéenne de ma vie, l'idée que le savoir était acquis par la contrainte scolaire et je n'ai pas trop aimé. J'aimais travailler seul. J'ai fait ma Sixième et ma Cinquième tout seul à la maison, avec le curé du village qui m'enseignait le latin. En classe de philo, une pneumonie me retint longtemps à domicile. Je travaillais dans mes livres. Quel bonheur de ne plus avoir à subir le lycée. Plus de lundis matin où je me levais très tôt pour rejoindre l'internat, plus de contraintes horaires. Cela ne m'empêcha pas de décrocher mon Bac dans les meilleures conditions. En fait, très tôt... mon rêve, c'était les livres ! Le prof parfait eût été celui que j'aurais été voir après avoir étudié dans un livre pour qu'il réponde à quelques questions, et pour en discuter avec lui. C'est comme ça que j'aurais imaginé un professeur. Et comme souvent les livres sont meilleurs que les cours du professeur, à la limite, on n'aurait pas besoin de professeurs.

Rachel : Jean-Marie, il y avait en même temps des cours de catéchisme. Comment viviez-vous cela à l'époque ?

Jean-Marie : Je connaissais le catéchisme par cœur et j'avais toujours 20/20. Je savais déjà, quand j'avais dix ans, tout le catéchisme du diocèse de Moulins. J'étais très doué pour la religion, mystères et sacrements n'avaient aucun secret pour moi.

Rachel : En dehors du savoir catéchétique, votre relation propre à Dieu à ce moment-là ?

Jean-Marie : J'aimais à la fois le « Dieu Tout-Puissant » et le « petit Jésus ». « Le Dieu des armées et le Dieu désarmé », comme dit Stan Rougier. Disons que le Jésus de l'Évangile, je le connaissais peu ; il ne me parlait pas encore. D'ailleurs à cette époque les catholiques ne lisaient pas l'Évangile. Je ne connaissais que les évangiles lus le dimanche à la messe. A l'église je m'abîmais en Dieu comme dans un océan perdu et éperdu dans son infinitude. J'avais de grandes émotions, des moments quasi extatiques, surtout quand j'étais ravi par le beau chant grégorien des jours de grande fête. Tout à coup, j'étais en larmes... Cela m'arrive encore de temps en temps, mais plus pour les mêmes raisons.

Alphonse : A cette époque, vous ne trouviez pas beaucoup de ressources auprès des professeurs ; du côté des camarades, vous étiez plus ou moins un exclu. Quels étaient vos loisirs, en dehors de la chapelle ?

Jean-Marie : Je n'avais pas beaucoup de loisirs. Je travaillais au jardin avec mon père. C'était une vie assez dure. Travailler et faire les factures. J'étais un peu comme le parent de mes parents, et ce dès le retour à Rodemack à l'âge de douze ans. Je les réconfortais, je les consolais tant ils allaient mal l'un et l'autre. Bien que jouant beaucoup avec mes cousins, je n'ai pas eu de vraie adolescence. Je n'ai pas connu ce moment de la vie où on se pose soi-même, où il y a cette révolte en soi. Tout cela m'est resté complètement étranger. C'est une étape de la vie que j'ai carrément grillée. Mais toutes les chronologies dans ma vie sont étranges : la guerre a commencé pour moi quand elle était finie pour les autres. Et quand mes parents sont morts, je suis mort avec... ou presque. Longtemps seul, j'ai fini par adopter moralement des enfants à cinquante ans. Et il m'a fallu attendre soixante ans pour trouver enfin une maison à moi, où je me sente bien. Bref, comme vous voyez, mes chronologies sont tout à fait chahutées ! Il y avait un fort retard à l'allumage !

Alphonse : Alors vous n'aviez pas de loisir mais vous aimiez peut-être lire ?

Jean-Marie : Oui, je lisais. J'ai toujours beaucoup lu. Je lisais la collection des signes de pistes, la bibliothèque verte, Jack London. J'allais aussi au cinéma les jeudis, parce que le père de ma marraine était propriétaire d'un cinéma à Thionville. J'adorais le cinéma. Aller au cinéma sans payer, dans les loges, c'était quelque chose de fabuleux.

Rachel : Après ce temps du Secondaire un peu chahuté, vient l'université. C'était une grande mutation ?

Jean-Marie : Oui, tout a de nouveau complètement changé, mais cette fois en bien. Il y a eu un épisode intermédiaire : le stage en pharmacie à Thionville, qui précédait les études de pharmacie en faculté. Plus de contrainte scolaire, mais la découverte de la vie de l'officine, des plantes médicinales, des médicaments. J'adorais aller dans la cave renifler les vieux pots : des préparations aux noms ésotériques, très parfumées, comme l'alcoolat de Fioraventi, l'élixir de garus, le baume du commandeur, le Laudanum de Sydenham... sans oublier le baume tranquille et le baume du Pérou au délicieux arôme de vanille. L'examen de stage comportait une épreuve de reconnaissance ; il fallait donc être « reconnaissant », savoir les identifier à la vue et à l'odeur, comme les tisanes d'ailleurs. A cette époque, certains médecins prescrivaient encore en latin ! J'adorais faire des potions, des pilules, des pommades. Mystérieusement, et malgré ma maladresse manuelle, je parvenais sans difficulté à verser le contenu d'une fiole dans une autre sans répandre une seule goutte. En fait, je m'acquitte toujours bien de ce que j'aime faire. Très belle année que celle de ce stage !

Alphonse : Comment cela se fait-il que vous ayez choisi la voie de la pharmacie ?

Jean-Marie : J'avais envie de faire Sciences-Po et l'ENA, sans doute déjà quelque peu titillé par la politique... Mais dans ma famille, on m'en a dissuadé : « L'ENA, c'est pour les gens de la haute société. Toi, tu ne peux pas faire l'ENA. Tu ferais mieux de faire pharmacie, c'est un métier où l'on gagne beaucoup d'argent. » Toujours le côté pratique de la famille de maman... J'aurais bien aimé aussi l'astronomie, mais mon désamour pour les maths me l'interdisait. Va donc pour la pharmacie : après tout j'allais faire des sciences naturelles, de la botanique, de la chimie, mes disciplines préférées.

Ce qui m'a immédiatement plu, c'était de faire un herbier. Et hop ! c'était reparti ! Tous les moteurs de recherche se sont réallumés. J'adorais aller herboriser, mettre un nom sur les plantes et les mettre dans l'herbier sous la presse. Ça et les collections de flacons, de poudriers... Chacun a en soi un épicier qui sommeille. Je crois que nous aimons tous les petits pots et les épices dans les petits pots.

Alphonse : Vous avez été marqué par votre petite enfance. Voilà donc le « germe » que nous cherchions en commençant ce dialogue...

Rachel : Oui, c'est une vocation ?

Jean-Marie : Oui, j'ai renoué avec les émerveillements de l'enfance. J'étais complètement entiché du cours de botanique. Il y avait aussi la matière médicale, science des drogues et des plantes pharmacologiquement actives dans laquelle il y avait beaucoup d'histoire et de géographie. On y fréquentait des découvreurs, de grands navigateurs, et d'extraordinaires épopées conduites par des savants plus ou moins aventuriers, des « savanturiers ». La chimie aussi me plaisait beaucoup. Je naviguais dans les sciences pharmaceutiques comme un poisson dans l'eau.

Alphonse : Ce ne sont pas les « matières » qui forgent un homme, mais les rencontres. Ce que dit un professeur n'est entendu que s'il y a une relation vivante. Quels sont les professeurs qui ont laissé une empreinte sur vous ?

Jean-Marie : D'abord mon professeur de botanique, Monsieur Franquet. Son cours correspondait tout à fait à l'idée que le jeune homme que j'étais pouvait se faire de l'université. C'était un cours magistral dans le grand sens du terme, c'est-à-dire le cours d'un maître. Nous déroulions avec lui le long fil de l'évolution biologique, l'enchaînement des flores qui se sont succédé au cours des millions d'années. Rien ne m'enthousiasme davantage que de remonter dans la profondeur du temps. C'est la passion des commencements, des genèses. Quand j'écris un livre, il faut toujours que je remonte aux origines, à l'histoire.

Profondeur dans le temps, mais aussi dans l'espace. J'avance le regard braqué sur les galaxies lointaines.

L'immensité et l'infinitude sont à mes yeux essentielles. Je ne pourrais pas, par exemple, faire des recherches sur la manière dont les peupliers sont sensibles aux gaz des voitures. Je vais lire là-dessus, me documenter, mais en tant qu'objet de recherche, cela ne m'intéresse pas. Seule me passionne la recherche fondamentale, spéculative, désintéressée : comment les choses se sont passées, comment la vie a vu le jour, comment fonctionne la nature. Le cours de botanique m'apportait tout cela.

J'ai su plus tard que Monsieur Franquet avait été l'élève du Père Teilhard de Chardin lorsqu'il enseignait à l'Institut catholique. La vision cosmique, évolutive de Teilhard, l'avait fortement influencé. Mais sans doute n'en était-il pas conscient. Quelle différence avec la botanique descriptive, sinistre et ennuyeuse, que l'on enseignait à la faculté des sciences quand j'y passais ma licence. Cette fameuse botanique qui a découragé tant d'élèves, les éloignant des sciences naturelles à jamais. Combien de potaches se sont rasés en se coltinant la reproduction des cryptogames vasculaires ! Aucun souffle, aucune dimension évolutive : il eût été tellement plus beau de parler de l'amour chez les fougères ! Avec Monsieur Franquet, c'était tout autre chose : au fond il fit de moi sur le plan intellectuel une sorte de petit-fils de Teilhard de Chardin. J'ai hérité tout cela dès ma première année de Fac, véritablement enthousiasmé par la botanique. C'était un cours brillant, remarquable, correspondant à l'idée que je me fais aujourd'hui encore de l'université, bien qu'elle ait tellement changé, soumise désormais aux intérêts économiques et à la nécessité de privilégier les applications immédiates de la recherche. Qu'elle est loin, l'université de Monsieur Franquet et de Teilhard !

Alphonse : C'est passionnant de découvrir que la Réalité est une, d'apprendre à faire des liens, de voir que le fond de toutes choses est commun. Le rôle de l'université n'est-ce pas, avant de transmettre un savoir, d'introduire à la connaissance ? « Connaître », c'est naître à la réalité par la contemplation, cesser d'objectiver...

Jean-Marie : Je trouvais que toutes choses étaient intelligemment agencées dans l'univers : aussi bien dans le merveilleux ordonnancement du monde vivant que dans les subtils arrangements du règne minéral. La chimie minérale, avec le Professeur Bloch, m'a passionné ; que n'ai-je tourné et retourné dans ma tête la géniale classification périodique des éléments du russe Mendeleïev : chaque atome était logé dans sa case, à sa place, en fonction de sa structure et de ses affinités avec tous les autres. Même dans le monde des atomes, de l'intelligence, de l'harmonie. A mes yeux, une logique profonde sous-tendait l'univers : logique des fonctionnements, des mécanismes de réaction, de l'agencement des molécules les unes par rapport aux autres. Je trouvais l'univers harmonieux et cohérent. L'idée de cohérence était toujours là. C'est une constante. Ce n'était pas des petits bouts rapportés que j'apprenais pour tel ou tel cours. Je trouvais que tout cela se tenait. On ne nous parlait pas encore du chaos, ni du hasard, notions passablement étrangères à la culture des années 1950. Aujourd'hui, le monde a changé : il n'y a plus dans les sciences que hasard et chaos. Mais à bien y regarder, d'étranges et subtiles harmonies les sous-tendent.

Alphonse : On retrouve cela dans les premiers balbutiements de la physique quantique, cette grande découverte qui fait dire aux savants qu'il y a de la conscience partout. Et surtout cette conscience est partout la même. Il y a partout cette Présence que d'aucuns nomment Dieu, mais ce n'est peut-être pas le travail des scientifiques de parler de Dieu à propos de leurs découvertes. Cette conscience étrange, mystérieuse, répandue partout et partout la même, n'est-ce pas stupéfiant qu'elle s'offre maintenant au regard des savants ?

Jean-Marie : Malheureusement pas de tous. Les quarks, les particules n'ont pas encore livré tous leurs secrets. J'ai toujours été passionné par la structure de l'atome, et de ses diverses représentations selon les étapes de l'histoire de la physique. Mais j'avais besoin de transposer ces concepts dans mon langage qui fondamentalement n'était pas celui des mathématiques. Un langage concret et imagé. J'ai besoin de représentations concrètes. Je ne me sens pas à l'aise dans le monde des idées pures, dans la froideur des concepts. De ce point de vue, je serais plutôt un piètre philosophe, bien que la philosophie m'ait fortement interpellé à un moment de ma vie. Mais il me faut des images, des anecdotes, des accroches avec tel ou tel épisode de ma propre expérience. C'est que je dois avoir un cerveau droit plus développé que le cerveau gauche.

Rachel : Dans la manière de s'exprimer de Jean-Marie, on sent très bien la délicatesse de l'élément féminin, l'intuition...

Jean-Marie : Oui, probablement. C'est un mode de pensée qui fonctionne un peu comme lorsqu'on fait un bouquet. Je trouve des fleurs partout éparses ; et puis avec ces fleurs, je fais quelque chose qui tient ensemble, un bouquet. C'est vrai pour tout. Par exemple, dans une journée, tout à coup une idée me frappe, une parole m'atteint. Je l'accueille et la cueille. Et puis elle chemine et ressort trois semaines après dans une conférence, parce qu'elle s'est intégrée. Je suis une sorte de machine à faire des bouquets !

Rachel : Vous n'avez pas un autre mot pour dire « machine » ?

Jean-Marie : Mais je ne sais pas...

Alphonse : Peut-être cette structure intérieure qui s'est façonnée depuis votre petite enfance fait que vous êtes attentif à cette réalité-là ?

Rachel : Il me semble que l'écoute joue une grande place dans votre vie. Si vous n'aviez pas l'écoute, vous n'auriez pas l'intuition...

Jean-Marie : Oui, l'écoute joue un grand rôle. Je suis très sensible au monde extérieur, très curieux de tout. Je perçois très fort les incohérences de notre temps marqué par la profusion et la confusion. Nous sommes submergés par l'information, la télé, les livres, les œuvres. Mais rien ne se détache vraiment. Peu de choses émergent, rien ne dure. Tout est éphémère et l'on vit dans l'instant. Mais moi j'ai besoin de faire avec des moments épars de nouveaux bouquets, dans la suite logique des cohérences de l'enfance.

Alphonse : Retrouver l'unité.

Jean-Marie : Ah oui ! Retrouver l'unité. Oui, je suis en perpétuelle quête d'unité.

Rachel : C'est pourquoi le bouquet joue une grande place. Faire un bouquet, c'est assembler...

Jean-Marie : Assembler. Rassembler. Harmoniser. Équilibrer... Je suis en réaction depuis toujours sur certains concepts clés de nos sociétés. L'idée de croissance économique, par exemple : sans la croissance, pas de salut. Or le concept de croissance contredit la notion d'équilibre. La croissance, c'est consommer toujours plus de ressources, de nature. Aucun organisme ne peut croître à l'infini, la terre étant elle-même limitée, finie. De surcroît, qui ne voit que la croissance, ça marche de moins en moins : les crises économiques, les récessions se suivent et se répètent. Il faudra un jour sortir de cette vision purement comptable de l'économie. Pas seulement produire toujours plus, mais faire toujours mieux. Introduire dans le calcul économique des évaluations qualitatives : la protection de la nature, la qualité de la vie, les biens immatériels, spirituels et qui sait un jour peut-être l'aptitude au bonheur. Tant qu'on ne cherchera pas l'équilibre, tant qu'on ne sera braqué que sur le développement économique, on n'arrivera jamais à des équilibres stables, un concept qui se cache peut-être sous l'habit du développement durable. Équilibre, harmonie, voici deux concepts sur lesquels je ne bouge pas. Il peut se passer n'importe quoi, on peut me faire toutes les démonstrations qu'on veut, je retrouve ces concepts de base. Le secret de la nature, de la vie, ça n'est pas la croissance. Tout croît, puis tout décroît, chaque individu, chaque espèce. Mais l'ensemble est en équilibre et perdure ; la nature et la vie demeurent grâce à des équilibres mobiles, dynamiques, à moins que l'homme ne finisse par les détruire.

Rachel : Ce sont les bases de la création : l'harmonie et l'équilibre. Dieu vit que cela était beau.

Alphonse : Oui, c'est ce qu'on retrouvait tout à l'heure quand vous parliez de la nécessité interne, vitale, de tenir compte de la dimension cosmique, spatiale, où tout se tient dans l'infini.

Jean-Marie : Oui, absolument. En fait, ça remonte à très loin. C'est ce que vous appeliez au début le « germe ».

Il y a une phrase que j'aime beaucoup, que j'ai apprise de vous, prononcée par un Père de l'Église : « Le mal, c'est le mal, même quand tout le monde dit que c'est le bien. » Je le pense absolument. Il peut y avoir des millions de personnes qui disent la même chose, si je pense que ce n'est pas juste, je continuerai obstinément, même si j'étais tout seul dans l'univers, à croire que ce n'est pas juste. Il y a beaucoup d'idées à la mode que je ne trouve pas justes, que je n'assimile pas pour les besoins de la communication. C'est une notion qui m'est étrangère. Je ne vais pas assimiler une idée à la mode si je ne la crois pas juste. C'est pourquoi je navigue très loin du politiquement correct et de la pensée unique.

Alphonse : Et vous avez le courage de l'affirmer.

Jean-Marie : Oui, absolument.

Rachel : N'est pas juste ce qui détruit, ce qui empêche d'évoluer.

Alphonse : Revenons à vos études. Vous étiez donc marqué par ces grands personnages qu'étaient certains de vos professeurs. Vous-même, vous avez une carrière de professeur d'université. C'est un choix, je suppose. Or, on sait, on a affirmé, analysé que l'enseignement « ne sert à rien ». Ivan Illich, par exemple, a écrit que ça ne sert à rien d'enseigner, et il n'est pas le seul. On a fait des statistiques qui montrent que lorsque le professeur est parfait – ce qui est plutôt rare –, si l'écoute des élèves est parfaite – ce qui est encore, peut-être, plus rare –, il reste dix pour cent, ce qui n'est rien. Et si on utilise des moyens modernes, l'audiovisuel, on peut arriver jusqu'à vingt pour cent.

Alors quel est ce défi ? Comment cela se fait que malgré tout, vous avez été fasciné à ce point-là par le cours de chimie et de botanique ou d'autres ? Quelle en est la raison ?

Jean-Marie : En fait le cours était un matériau pour aller plus loin. Plus le cours m'intéressait, élève ou professeur, plus je piochais autour du cours pour le rendre encore plus intéressant. J'ai quand même toujours été un homme du livre. C'est-à-dire que j'entourais mes cours avec des livres, et je creusais, je reconstruisais les cours. Si bien qu'à un moment donné, cela a fini par donner un livre sans que je m'en sois aperçu. J'ai publié mon premier livre comme ça, c'était mon cours. Je pense que l'enseignement doit absolument déboucher sur le travail personnel. Rien n'est plus erroné que de croire qu'il faut tenir les élèves quarante heures par semaine à la Fac, en cours, TP ou TD. C'est quelque chose contre laquelle je me suis toujours élevé. Je pense que si la Fac dispensait dix à quinze heures par semaine aux étudiants, cela suffirait largement et les trente autres heures qui restent, ils travailleraient par eux-mêmes. Nous avons complètement oublié cela dans les universités modernes. Le cours doit mettre en appétit, tracer les grandes lignes, mettre en rapport avec, si possible, de grands et bons esprits. Et après, il y a tout un travail personnel très important qu'on a quand même très largement perdu de vue. Parce qu'on veut absolument qu'on fasse les trente-cinq heures à l'université comme dans les entreprises. Au moins dans les facultés scientifiques.

Alphonse : Mais cela suppose qu'on sache travailler personnellement.

Jean-Marie : Vaste question ! Je pense que vous mettez là le doigt où il faut. C'est qu'on n'apprend pas aux jeunes dès leur entrée à l'université à travailler, à faire un travail personnel. Par conséquent beaucoup d'étudiants scientifiques travaillent sur leurs notes de cours qu'ils n'ont pas repris convenablement et retransmettent un charabia indigeste qui les conduit à l'échec. Je pense que la mission de l'école, c'est d'apprendre à travailler. C'est sa première mission. Ce n'est pas seulement transmettre des savoirs, mais transmettre la manière d'acquérir les savoirs. La tête bien faite plutôt que bien pleine.

Alphonse : Cela consiste en quoi ?

Jean-Marie : En ce qui me concerne, j'expliquais à mes étudiants comment on travaille, la méthode de travail. Je faisais des cours sur la méthode. C'est, par exemple, ne jamais dire quelque chose qu'on n'a pas compris. Ne jamais dire : « Je vais le transcrire tel quel. Je n'ai pas compris mais le prof trouvera que cela correspond à ce qu'il a dit. » Tout ce qui n'est pas compris n'existe pas. C'est le principe que j'ai appliqué toute ma vie. Dans le travail que je fais actuellement, je peux dire que pas une seule fois, j'ai exprimé une idée que je n'avais pas parfaitement comprise. Et s'il y a quelque chose que je n'ai pas compris, ou je m'applique jusqu'à ce que cela soit parfaitement clair, ou je n'en fais rien. Je crois qu'on a un devoir d'exigence envers ceux à qui on transmet des connaissances. Il faut d'abord les avoir assimilées parfaitement soi-même. Et cela vaut aussi pour les journalistes. Le monde de la connaissance ignore l'à-peu-près. Je pioche parfois pendant très longtemps pour arriver à piger quelque chose qui n'est pas clair. Inutile de dire qu'en écologie, où il y a d'innombrables choses qui ne sont pas claires, il faut creuser beaucoup. Et je suis quand même frappé qu'il y ait tellement de gens qui disent n'importe quoi. Ils sont nombreux à sévir sur Internet ! J'essaye de ne jamais dire n'importe quoi. Tout doit être pesé, argumenté, documenté. C'est ce que j'apprenais aux étudiants.

Ensuite, je leur disais que pour vérifier s'ils avaient bien compris, il fallait qu'ils se refassent la leçon dans le mental pour voir si ça coulait. Il y avait donc une autovérification. Il y avait encore une troisième idée, c'était qu'il y a une certaine fugacité dans le mental, qu'il fallait entretenir l'acquis, c'est-à-dire souvent revenir en arrière et repartir du début, pour tout reconstruire dans la cohérence. Ne pas dire, ça je l'ai déjà vu, donc je ne le regarde plus. Bref, je leur apprenais à apprendre. On ne faisait pas cela dans les Fac à l'époque, d'où d'innombrables échecs, notamment en premier cycle. Le fait-on aujourd'hui ? Je l'ignore. Mais tout cela était intuitif. Je ne connais rien aux sciences cognitives ou aux sciences de l'éducation.

Rachel : C'est révolutionnaire ce que vous dites !

Jean-Marie : Maintenant, il y a tous les supports pédagogiques possibles et imaginables, mais ça n'empêche absolument pas que tout ce que je dis là reste vrai et premier par rapport à toutes les technologies.

Alphonse : Ceci posé, heureux les étudiants dont les professeurs sont une réelle présence, savent susciter une vraie relation, rayonnent même de quelque chose d'inexprimable... On peut oublier ce qu'ils ont dit mais eux, on ne les oubliera pas, si la relation qu'ils ont suscitée était vraiment quelque chose qui portait leur parole. Je crois que ce qui nous structure le plus, au-delà même de l'enseignement comme tel qui sort de la bouche des professeurs, c'est leur manière d'être, leur personne, leur présence... Quand je ferme mes yeux, ils sont tous là, depuis la maternelle jusqu'à l'université : les uns sont des trous noirs, des vides ou des absences parfois terrifiantes, les autres sont des astres qui illuminent toujours mon ciel intérieur, alors même que je ne me souviens plus du moindre mot de leur enseignement !

Jean-Marie : Je me rappelle du temps de la Fac : à cinq heures, après les travaux pratiques, il y avait le cours du soir. J'éprouvais un grand bonheur à aller dans l'amphi illuminé pour avoir ce cours qui nous promenait dans l'histoire de ce qu'avaient fait nos ancêtres. J'ai toujours été très attaché à l'idée des pères, ceux qui ont été les fondateurs de quelque chose. Alors, au cours de chimie organique du Doyen Richard, très brillant lui aussi, on expliquait que tel chimiste avait inventé, avait découvert telle réaction. J'imaginais alors les labos du XIXe siècle et puis les labos des alchimistes et plus loin encore les monastères au Moyen Age où l'on avait conservé le peu de savoir échappé des ruines de l'Empire romain. Je naviguais dans l'histoire ; j'ai toujours aimé l'histoire. Je ne comprends rien au présent si je n'ai pas les référents et les fondamentaux historiques. Je ne peux me contenter de n'avoir que des références actuelles. Je me situe dans la chaîne des générations. L'histoire des disciplines et des sciences m'a toujours passionné. Tout s'inscrit et se comprend dans la profondeur du temps. Ne serait-ce pas cela déjà un avant-goût d'éternité ?

Teilhard, Dürckheim et les Pères

Alphonse : Jean-Marie, avez-vous été professeur tout de suite après vos études ? Que s'est-il passé après vos études de pharmacie ?

Jean-Marie : J'ai été tout de suite assistant à la fac de pharmacie de Nancy. En même temps j'ai préparé ma thèse et ma licence ès sciences. Tout cela a duré trois ans. Ensuite ce fut le service militaire. Une période heureuse à l'hôpital militaire de Metz. Puis il y a eu l'agrégation en 1961 ; et j'ai été nommé professeur aussitôt après.

Alphonse : Après tout ce parcours, j'ai quand même envie de revenir sur la question des influences. On a vu celle, énorme au départ, de votre grand-père qui était sans doute un vrai sage, et puis de certains professeurs pendant les études supérieures. Qu'est-ce qui vous a influencé le plus ?

Jean-Marie : Pendant cette période d'études supérieures, Teilhard de Chardin a joué un rôle important, parce que je me suis trouvé à l'aise avec sa manière de voir le monde ; une vision en quelque sorte dilatée par rapport à la vision catholique traditionnelle et un peu étriquée de l'époque, dans laquelle je me sentais à l'étroit. J'aimais cette vision cosmique du religieux. J'ai lu et relu *Le phénomène humain* et *Le milieu divin* avec des textes émouvants comme *La messe sur le monde* écrite dans le désert de Gobi. Il y avait donc aussi tout un côté extérieur, exotique, lointain... Je me trouvais à l'aise dans l'univers de Teilhard, avec toutefois une réserve : je ne voyais pas où il mettait la souffrance, l'épreuve, l'échec dans sa vision à mes yeux exagérément optimiste. J'ai découvert plus tard qu'il avait écrit un petit livre sur la souffrance. Aujourd'hui, je ne vois plus très bien ce point Omega où l'humanité convergerait de par sa propre évolution. Le passage par la croix me paraît inévitable. Je sens le mal très puissant et, devant l'état du monde, je dirais plutôt comme Heidegger sur son lit de mort : « Seul un Dieu peut nous sauver ! » Mais ouf ! ce Dieu nous l'avons. Et Dieu sauve. Sans doute à l'époque étais-je moins sensible à cet aspect plus réaliste des choses, prêt à galoper sur les idéologies voire les utopies... J'étais encore plus idéaliste que Platon ! je rêvais.

Pourtant, j'ai toujours ressenti la fragilité humaine, ma propre pauvreté. Peut-être parce que le lien avec mes parents ne s'est pas dénoué avant leur mort, et que donc j'étais affectivement prisonnier. J'ai vécu longuement un état de frustration affective intense. Je tombais amoureux mais je n'osais pas me déclarer, et cela n'aboutissait pas. Alors même que je donnais à l'extérieur une image de réussite parce qu'au point de vue intellectuel ça marchait plutôt bien, il y avait en moi cette pauvreté cachée. Du coup, j'investissais dans l'idéologie, la militance. Je me donnais à fond... mais je ne m'oubliais pas complètement et le manque, la frustration demeurent la face cachée de mon existence... Cette idée de pauvreté intérieure ne m'a jamais quitté.

Après la mort de mes parents qui m'a causé un traumatisme effroyable, j'ai tout recommencé à zéro. J'ai eu deux vies avec une rupture extrêmement brutale au milieu. Cette rupture, c'était : « Tout lâche, mais Dieu ne lâche pas. » Car au pire du sentiment d'abandon, je n'ai jamais eu l'idée d'être abandonné de Dieu. Et pourtant j'éprouvais l'impression d'être totalement abandonné. Mes copains ne me suffisaient plus. J'aurais voulu aimer et être aimé, comme le rêve tout un chacun. Ce fut une période terrible. La résilience, comme dirait Boris Cyrulnik, je la trouvais dans l'écriture. J'étais soigné à Paris, et je me rappelle le soir, je marchais dans les rues puis m'installais à un bistrot. Et là, dans le désert de la foule, j'écrivais, j'écrivais ce qui aurait dû devenir et ce qui n'est jamais devenu : « Les dialogues sur la tendresse de Dieu. » Je me sentais complètement abandonné, absolument seul. J'expérimentais dans la souffrance la célèbre phrase de Lamartine « un seul être vous manque et tout est dépeuplé ». Cet être que j'attendais, il n'était pas là. « Chaque nuit, je faisais le même rêve : j'étais un bébé abandonné dans une sombre forêt... mais entre deux sapins, dans le ciel obscur, il y avait une étoile. » J'ai témoigné de cette époque terrible et des expériences spirituelles profondes qu'elle a engendrées dans mon ouvrage[2] *Le jardin de l'âme.*

Alphonse : A cause du départ de vos parents ? Pourtant vous les aviez quittés depuis longtemps...

Jean-Marie : Ah oui, mais pas affectivement. Je n'ai jamais coupé le cordon jusqu'à ce que la mort ne le rompe. Mes parents, c'était ma niche écologique : la maison de Rodemack, le jardin. Et quand ils ont disparu, toutes les sécurités liées à la niche ont disparu en même temps et il y a eu cette impression d'abandon. Durant toute cette période qui a duré des mois j'ai vécu la foi nue dans un dénuement complet. Je crois que j'ai écrit de belles choses, mais j'ai tout perdu. Je n'ai jamais retrouvé ces papiers, ces dialogues sur la tendresse de Dieu. Ils devaient être destinés à nous deux, seuls, Dieu et moi...

Rachel : Vous avez été très jeune « malhabile », disiez-vous. Je me demande si le fait d'avoir été tellement dans le giron de vos parents n'a pas aidé cette malhabileté. C'est-à-dire que par vous-même, vous ne pouviez pas... c'était eux qui...

Jean-Marie : Oui, il y a du vrai là-dedans. Je vivais en fait une étrange contradiction entre une indépendance d'esprit totale, ne supportant aucune contrainte, et une dépendance affective complète envers mes parents. Les deux en même temps. Ce qui est tout de même un paradoxe étonnant.

2. Jean-Marie Pelt, *Le jardin de l'âme*, Fayard, 1998.

Rachel : Vous avez subi, à ce moment-là, corporellement. Vous vous êtes évadé de cette contrainte par l'esprit.

Jean-Marie : Il y avait cette pauvreté à l'intérieur.

Alphonse : Chez Teilhard, cette pauvreté s'exprime justement sous le manteau de l'optimisme. Cet immense cri de l'être vers Dieu qui oblige à un vide pour l'accueillir. C'est sous cette forme-là que l'optimisme est présent chez Teilhard.

Jean-Marie : J'ai su plus tard qu'il avait beaucoup souffert. On lui avait interdit d'écrire. Donc il y a eu probablement chez lui une très grande souffrance intérieure. Je n'ose pas imaginer ce qui serait advenu de moi si quelqu'un m'avait interdit d'écrire.

Alphonse : Interdits par le Vatican, les écrits de Teilhard circulaient en secret. C'était un exilé dans sa propre Mère-Église : quelle souffrance ! Je ne sais pas s'il l'a exprimée quelque part. Teilhard vous a donné une vision. Dans l'immense bibliothèque que vous avez dévorée, j'aimerais savoir si c'est Teilhard qui l'emporte. Une question me taraude : si votre maison se met tout à coup à brûler, quel serait l'unique livre que vous emmèneriez, en dehors de la Bible bien sûr ?

Jean-Marie : Il faut que je sois tout à fait honnête : votre livre je l'ai trouvé superbe. C'est un livre que je considère comme très important dans ma vie où passait la pensée de Dürckheim et votre propre pensée religieuse. Un livre que j'aurais emmené tout de suite si la maison brûlait. C'est un livre que j'ai recommandé à un grand nombre de gens, un livre de passeur, de passage. Un des livres qui m'ont permis le passage d'il y a vingt-cinq ans.

Rachel : Qu'est-ce qui vous a tellement marqué dans ce livre ? C'est étonnant !

Jean-Marie : Ce qui m'a marqué dans ce livre, c'est qu'en le lisant, je me suis dit : « Tout cela est juste. C'est tout à fait comme ça que les choses se passent. » Ce n'est pas : « Ceci est autorisé, ceci est interdit », la vie ne marche pas comme ça. Elle marche comme vous l'avez raconté avec Dürckheim et comme je le ressentais moi-même depuis longtemps en tant que biologiste. J'ai eu l'impression de justesse, un mot que je préfère de loin à justice, parce que pour moi la justice relève du divin. La justice humaine, je n'ose pas dire ce que j'en pense, parce que ce ne serait pas gentil : disons que je n'en pense rien. L'inflation de la chronique judiciaire aux infos de la télé m'assomme. Car la justice, c'est quelque chose de divin qui n'est pas à notre portée. Pauvre justice humaine... Mais la justesse est à notre portée au moins en des moments privilégiés de notre existence. Dans une discussion, dans une conférence, dans une rencontre on est tout à coup juste. Tout fait corps. Et chacun le ressent. Des moments d'empathie et de grâce ; d'harmonie, de justesse précisément.

Alphonse : Ajusté...

Jean-Marie : Oui, tout est ajusté. C'est très beau. J'avais trouvé de la justesse dans ce livre. Et quand j'ai rencontré Dürckheim chez lui, en Forêt-Noire, j'ai ressenti la même chose. Cette sensibilité, je l'ai retrouvée plus tard dans la vision orientale du ying et du yang, une vision féminine de la vie, pas juridique, pas cartésienne, pas masculine. Il y a cette idée que la vie est fluide, changeante, mouvante. Rien n'est jamais acquis. L'Occident, dans la droite ligne de l'Empire romain, aime habiller la vie en termes juridiques. C'est l'univers du droit, du droit romain et du droit canon. Tout est soigneusement codifié. Et c'est justement ce que beaucoup de gens d'aujourd'hui n'acceptent plus. En fait il y a une extrême diversité entre les personnes. Certaines ne peuvent vivre que dans un cadre bien défini qui les rassure et les structure. C'est le monde immense des conservateurs, voire des intégristes, si nombreux aujourd'hui dans toutes les religions. D'autres ont besoin d'air : je suis de ceux-là. A l'époque, mon désarroi affectif s'est manifesté par une demande énorme : les besoins affectifs, longuement bloqués, ont littéralement explosé en moi. « Décompensation paroxystique », a dit le psy. La vie, si vous ne l'apprivoisez pas, risque de vous péter à la figure. Il faut lui faire des concessions, et tout bêtement l'accepter telle qu'elle est. J'ai ressenti tout cela dans le livre de Dürckheim. Ce fut pour moi lumineux. Jésus est mort, parce qu'il avait placé la vie avant la loi et l'esprit avant la lettre. On l'a tué pour cela.

Alphonse : Alors imaginez-vous ce qu'a pu être pour nous la rencontre avec Graf Dürckheim en personne ! Ce livre a d'abord été pour nous la grâce extraordinaire d'avoir pu passer des heures et des jours dans l'intimité du maître. Je peux dire personnellement qu'il y a dans ma vie « un avant et un après Dürckheim »... Après avoir cherché comme un fou pendant des décennies, la rencontre avec Graf Dürckheim fut l'explosion, le jaillissement ; les écailles tombèrent de mes yeux... A son contact, j'ai pris conscience que je cherchais désespérément au-dehors ce que je portais au fond de moi-même ! Tout restait verrouillé, malgré tout mon « savoir », mes lectures et ma prière elle-même... Dürckheim était la clef qui m'a ouvert la porte de l'expérience. Pour moi, il a été « le » maître qui m'a permis de découvrir le seul vrai Maître, Jésus-Christ, mais par expérience. Alors le tournant de ma vie s'amorçait et engendra toute une série de bouleversements : en particulier une compréhension radicalement autre de la Bible et de la Tradition, d'où une redécouverte concrète et réaliste des Pères, et c'est ainsi que nous nous enracinions progressivement dans l'Orthodoxie, vivement encouragés par Dürckheim lui-même. Le fruit de tout cela est évidemment la fondation du Centre Béthanie, où nous approfondissons et partageons cette recherche depuis des années...

C'était important de nous incliner devant ce maître chrétien qui pour vous, comme pour nous, a si profondément marqué notre existence. Mais laissons là ce livre et, puisque c'est le nôtre, je m'autorise à revenir à ma question première : votre maison brûle, vous emmenez donc ce livre, la Bible, et quel serait le troisième ?

Jean-Marie : Je préférerais que le troisième soit le livre que je laisse brûler avec la maison. C'est *Le hasard et la nécessité* de Jacques Monod, à ne surtout pas confondre avec Théodore. C'est le livre que j'ai le plus détesté dans ma vie. Je l'ai détesté pour une raison extrêmement précise ; c'est parce que le pauvre Monod, qui est mort maintenant depuis longtemps, a déclaré un soir à la télévision que son livre mettait fin à toutes les croyances, à toutes les religions et à toutes les philosophies. J'étais sidéré d'une telle arrogance. Seule demeurait la « Science ». Son interlocuteur était béat devant cette irruption de la Science. La science pure, de la science chimiquement pure, de la science avec un grand S, de la science « en majesté ». J'ai trouvé cela abominable et d'une terrible prétention, pressentant une nouvelle tyrannie après toutes celles dont on essaye de se débarrasser. C'était en 1970. J'avais fait de la science toute ma vie et j'adorais mon métier. Mais cette arrogance absolue, ce scientisme primaire, exclusif, totalitaire me révulsait. C'est un livre que je laisserais volontiers brûler avec la maison. Cette explication de la vie par le gène et que par le gène me gêne énormément. Car la vie est réduite alors à une simple mécanique voire un mécano ou à un jeu de Lego, « je prends tel gène ici, je le fourre là, donc ceci donne cela ». Bref, j'agence les gènes comme les pièces d'un mécano ou un jeu de domino. Cette approche terriblement réductrice me semble une nouvelle impasse pour la vie. Aujourd'hui, la primauté de l'ADN façon Monod a beaucoup vieilli. Lentement, la biologie moléculaire prépare sa révolution copernicienne, comme l'a fait la physique entre les deux guerres avec l'émergence de la physique quantique.

Alphonse : Et si vous avez le temps d'en sauver un ?

Jean-Marie : Alors je sauverais un livre inconnu de tous, d'un vieux monsieur, Monsieur Bastaire, sur le christianisme et la nature, qui exprime une foi émouvante et lucide, et montre comment on a probablement déraillé à partir de la fin du Moyen Age dans nos rapports à la création. Bastaire se situe dans la lignée de François d'Assise. C'est un livre qui m'a été très utile lorsque j'ai eu à animer un séminaire sur « Écologie et monothéisme ».

Alphonse : Ce livre s'intitule *Le chant du monde à travers les pères* ; l'auteur montre, à travers la Tradition des Pères et la littérature, comment l'univers est habité par une seule vibration : la Joie.

Jean-Marie : Pendant la grande épreuve qui fut la mienne, j'ai découvert grâce à vous les Pères de l'Église, c'est-à-dire le christianisme des premiers siècles. Mes nouvelles petites racines, puisque j'étais mort, se sont plantées dans le terreau de ce qu'ont dit ces Orientaux aux noms étranges. Je me suis dit : « Tous les saints qu'on nous a appris sont des personnages récents. Les saints, plus on remonte dans le temps, plus on les perd de vue. Et du premier millénaire, il n'en reste aucun. » Grâce aux Pères de l'Église, j'ai retrouvé les racines du christianisme, qu'on connaît si mal et qu'on n'apprend jamais en cours de religion. J'ai découvert l'énorme travail intellectuel et spirituel de ces gens qui ont tellement réfléchi, et qui montre qu'on n'est pas plus intelligent aujourd'hui, même avec nos ordinateurs, qu'ils ne l'étaient eux. Il me semble que dans la confusion et la profusion dans laquelle nous vivons, on a besoin de retrouver des messages forts. Or on trouve dans ces textes, qui souvent n'ont pas vieilli, des choses très fortes.

Le saint et le paradis

Alphonse : A part les livres, Jean-Marie, si vous deviez nommer une personne qui vous a le plus marqué...

Jean-Marie : Nous n'avons pas encore évoqué Robert Schuman, deux fois Premier ministre, longtemps ministre des Affaires étrangères, premier président du Parlement européen. C'était un homme d'État, le véritable père fondateur de l'Europe. Sa déclaration du 9 mai 1950 créant la Communauté européenne du charbon et de l'acier marque le point de départ historique de l'épopée européenne. Je l'ai très bien connu ; j'ai fait de la politique avec lui en tant que militant et sans doute m'a-t-il profondément marqué sans que je m'en aperçoive. Au détour d'une phrase, je me rends compte parfois que j'ai des réactions qui auraient pu être les siennes. Même forme d'humour discret, jamais caustique. Et puis des petites phrases amicales, à droite ou à gauche, quand on est entouré de gens après les réunions ou les conférences. L'écoute, l'attention à l'autre, je crois l'avoir héritée de lui. Mais sous son abord humble, modeste, il avait une volonté de fer. Schuman était un doux, pas un mou ! C'était un visionnaire. Il voyait loin au-delà des préoccupations politiques du moment, et pensait aux générations suivantes. Quand à son retour au pouvoir, le général de Gaulle l'a écarté des affaires, sa vie s'est brisée. Car la construction européenne était toute sa raison d'être. J'ai vécu avec lui cette part sombre de son existence, ce que je considère comme un attribut essentiel de la sainteté. Parce que les saints ont tous subi des épreuves de ce genre, des critiques, des rejets. Schuman s'est trouvé tout à coup sans Europe à construire. Ce fut pour lui un drame terrible que je n'ai mesuré que plus tard. Il en a beaucoup souffert. Sa santé a alors commencé à décliner et il est mort, persuadé que l'Europe qu'il avait voulu construire ne se ferait jamais. Je me suis alors aperçu que je l'avais aidé, inconsciemment et sans le savoir, à vivre cette épreuve-là.

Alphonse : On a dit que Schuman était un saint en veston et vous-même faites allusion à cette sainteté ; qu'est-ce qui permet de dire ça ?

Jean-Marie : Quand on est un saint cela ne se voit pas. Ce n'est pas par des actions théâtrales et spectaculaires qu'on devient saint, mais on l'est en quelque sorte par nature et par don. Schuman était un saint homme. Je ne l'ai jamais entendu dire du mal de qui que ce soit. Il respectait ses adversaires. Si parmi les nôtres il y avait quelqu'un avec qui on ne pouvait travailler, ou qui nous avait déçu, il disait simplement : « Oh, Jean-Marie, non, il ne faut pas insister. Ce n'est pas la peine. » Et puis, c'était fini. Il n'avait ni rancœur, ni pensée malveillante. Il n'était pas vindicatif comme le sont parfois les politiques : « On va lui faire la peau, le couler, le torpiller aux élections... » Rien de tout cela : si ça ne marchait pas, eh bien on passait outre. Robert Schuman était un être paisible, apaisant ; c'était un homme de paix.

Alphonse : C'était un homme de prière aussi. Tout en étant laïc, il lisait le bréviaire comme un prêtre, tous les jours.

Jean-Marie : Oui, le petit office de la Vierge. Il paraît qu'il était féru dans saint Thomas d'Aquin. Mais il ne m'a pas beaucoup parlé de cela. Sa vie spirituelle était discrète, et même secrète. Finalement, je me demande s'il ne m'a pas beaucoup plus écouté qu'il ne m'a parlé. Je n'ai pas de souvenirs fulgurants de choses extraordinaires qu'il m'aurait dites. Mais il avait une capacité d'écoute considérable. Et pas d'ego. Rien qui ne ressemble à de l'ego.

Alphonse : C'est important déjà, ces deux choses. Pour un saint, l'Essentiel ne se trouve pas dans les mots, mais dans son rayonnement, il vous prend dans son « atmosphère », sa présence. Il avait une forte présence, non ?

Jean-Marie : Oui, très amicale et pour moi très paternelle. Une grande chaleur humaine. Dans ce monde où on ne parle que de guerres et d'affrontements, puisque c'est le perpétuel sujet, c'était, je le répète, un homme de paix.

Notre relation était dénuée de tout intérêt. Je n'attendais rien de lui, ni honneurs ni carrière, et je ne le percevais pas non plus comme un homme d'État. On est impressionné par un homme d'État, par le décorum, les motards, la mise en scène, les médias, la télé. Il n'y avait rien de tout cela dans ce que j'ai connu. Je ne le rencontrais qu'à la maison avec sa vieille gouvernante sourde, la petite Marie, qui préparait l'omelette et la salade. Après on montait dans son bureau et il me posait des questions sur ma thèse, mon travail de chercheur, ce qui est tout de même extraordinaire. Cela aurait pu ne pas l'intéresser du tout ; cette thèse n'avait rien à voir avec ses problèmes et ses préoccupations. Mais il avait cette capacité d'être à l'écoute de la génération qui vient, de ce qui devient. La vie en devenir...

Alphonse : C'est quand même lui qui vous a mis le pied à l'étrier en politique ?

Jean-Marie : Oui, il avait le souci qu'après lui nos idées ne soient pas oubliées à Metz.

Alphonse : Vous ne vous êtes jamais présenté aux élections ?

Jean-Marie : On voulait que je sois candidat à la députation à Thionville. Mais la carrière politique ne me tentait pas. J'étais passionné par la science et le suis toujours. Et puis, je m'imaginais mal à l'Assemblée nationale, où j'allais souvent, comme au Sénat d'ailleurs, avec nos amis députés et sénateurs du MRP, un parti qui a disparu après le retour au pouvoir du général de Gaulle. Très actif par tempérament, j'imaginais que je m'ennuierais parmi ces travées vides, surtout, pendant les séances de nuit. Parce que, perfectionniste comme je l'étais à l'époque, j'aurais trouvé mal seyant de les sécher. Et puis, il y avait cette agressivité inhérente au monde politique. Je ne voulais pas vivre dans une atmosphère perpétuellement conflictuelle, où les élus s'interpellent sans aménité ni courtoisie. Le système politique tel que je le voyais fonctionner quand j'allais à l'assemblée nationale ne me convenait pas. J'aurais été incapable de parler de mon banc, parce que j'aurais eu le trac. Je ne suis vraiment à l'aise que lorsque je cherche à entrer en sympathie avec l'auditoire ; mais ce genre de sympathie n'est pas possible dans la dialectique majorité-opposition. Au fond, je suis un homme de consensus, mais la recherche du consensus n'est pas la qualité première du monde où nous vivons. Tout cela je l'ai ressenti très tôt et ne me suis donc pas égaré sur ce qui eût été pour moi une fausse piste. En fait, j'étais sans doute trop sensible pour faire une carrière politique.

Rachel : Il y a quelque chose qui me frappe dans vos propos. Plusieurs fois, sincèrement et humblement vous avez dit : « Ce que j'ai pensé là, aujourd'hui je ne le ferais plus, comment est-ce que j'ai pu seulement penser ça ? » Il y a un mot qui revient souvent aussi, c'est le mot « pauvreté ». Est-ce que cette manière d'être, de dire les choses : « Tant pis pour ce que l'autre va penser », est-ce que cela fait partie de ce que vous appellez « pauvreté » ?

Jean-Marie : Oui, je dois avoir une âme de pauvre comme le disent les Béatitudes. Je ne m'impose guère par le pouvoir et ne pense pas être ce qu'on pourrait appeler un homme de pouvoir, au moins dans le sens ordinaire qu'on donne à ce terme. Quand j'étais premier adjoint à la mairie de Metz, j'avais en fait un grand pouvoir. Mais je n'en avais pas conscience. Nous étions avec le maire, mon ami Jean-Marie Rausch, comme les deux doigts d'une main, dans une relation d'amitié profonde. On travaillait beaucoup, on construisait ensemble. A vrai dire, j'impose et ne m'impose que quand cela est absolument nécessaire. Mais j'évite de contrecarrer le charisme des autres, et surtout des jeunes qui travaillent avec moi. Je ne voudrais pas les empêcher de grandir selon leur propre chemin. J'ai donc parfois tendance à m'effacer pour qu'ils se sentent le plus libre possible, le moins coincé aux entournures... comme j'aime l'être moi-même. Dans le jardin c'est pareil, les plantes poussent un peu comme elles veulent ; je manie peu le sécateur. Je serais plutôt un libéral si ce mot n'avait pris la connotation brutale qu'il a aujourd'hui avec la montée en puissance de l'ultralibéralisme à l'américaine.

Rachel : Cette pauvreté-là, ne peut-on pas dire que c'est une richesse ?

Jean-Marie : Je ne sais pas. Je suis comme ça. Un peu timide malgré les apparences. Dans les colloques, j'ai toujours peur d'empiéter sur le temps des autres. Alors je fais des interventions très courtes et me garde bien de trop m'imposer. J'aurais plutôt tendance à m'effacer. Je préfère les conférences : là je suis avec les gens, le temps n'est pas compté, on discute longtemps et une grande empathie se crée. Et ça, ça me va bien.

Alphonse : A la municipalité de Metz, vous travailliez à plein temps ? Vous étiez chargé de la prospective en matière d'environnement et d'urbanisme ?

Jean-Marie : Oui, mais j'ai travaillé à ma manière à moi. Il faut rendre hommage au maire, de m'avoir compris et pris comme je suis, car je n'ai pas tout à fait fonctionné comme les autres élus. Par exemple, mes collègues adjoints disaient : « Pelt ne fait rien, il n'est jamais dans son bureau », c'est le bruit qui courait à la mairie. Mais ce n'est pas parce que je ne faisais rien. Je montais l'Institut européen d'écologie, ce qui n'était pas une mince affaire. Et j'allais beaucoup sur les chantiers municipaux, suivre l'évolution des projets. Je n'étais donc pas dans mon bureau, naturellement. Ce fut une expérience formidable. Disons que j'avais un style quelque peu personnel. Je faisais du terrain, mais pas seulement pour serrer des mains. Le souci de notre réélection ne m'a jamais effleuré. Elle découlait tout naturellement du travail que nous faisions.

Alphonse : Vous vous occupiez de ces nouveaux quartiers que l'on a vus éclore à droite à gauche ?

Jean-Marie : On a stoppé très vite les constructions d'HLM dont nous avions bien vu où cet urbanisme de cage à lapin allait nous mener. La suite, comme chacun a pu le constater, nous a donné raison. Nous avons donné la priorité à la réhabilitation du centre-ville, un concept qui n'existait pas à l'époque. On démolissait le cœur des villes pour y mettre des cubes en béton. On parlait d'architecture contemporaine, étant entendu qu'il fallait penser : « C'est contemporain, donc c'est beau. » Malheureusement, ça n'était pas toujours beau, et parfois c'était horrible. On mettait à cette époque des cubes à côté des cathédrales, de grands centres commerciaux en béton au cœur des villes historiques. Quand on circule dans une ville et qu'on est un tant soit peu sensible à l'architecture, on voit tout ça. Mais pas à Metz. Nous étions épris de beauté. Et nous avons vite senti que nos concitoyens ressentaient la même chose. Il y a eu un fort consensus sur notre stratégie en matière d'urbanisme. Et aussi un fort consensus entre nous les élus, éclairés dans notre action par les avis pertinents de mon ami Roger Klaine qui a redonné ses lettres de noblesse à un concept bien oublié à l'époque : l'écologie urbaine.

Alphonse : Faire vivre dans du beau, c'est ce que le Créateur a voulu dès l'origine pour l'homme, puisqu'Il l'a « placé dans le jardin d'Éden », selon la Bible. Cela explique ce besoin viscéral de beauté au cœur de chaque homme. C'est elle qui sauvera le monde, disait Dostoïevski. Faire vivre dans une ville qui me « sauve », quelle audace ! Quels étaient donc pour vous les vrais critères de la beauté ?

Jean-Marie : Je crois que la beauté élève l'âme et nous fait accéder à ce qu'il y a de meilleur en nous, de plus grand dans la condition humaine. Pour le croyant, la beauté est d'essence divine. Elle est un des lieux où Dieu se révèle, comme l'Écriture, comme la nature.

J'avais vraiment une idée de la ville dans la tête. Mais purement intuitive. Je n'aurais pas pu, par exemple, faire une description minutieuse de ce que serait la ville dans vingt ou trente ans ; mais dans toutes les décisions que nous prenions ensemble, c'était toujours ces mêmes critères de beauté et d'harmonie qui nous guidaient. Il était important de savoir si ce qu'on allait construire allait s'intégrer dans l'ensemble. Cette idée d'intégration harmonieuse était un critère décisif. Et puis il y avait la nature qu'il fallait faire entrer dans la ville et qui devait épouser, habiller le bâti. Il ne faut pas des cubes d'un côté et du gazon de l'autre. Tout doit s'épouser intimement, le bâti et les espaces de nature. Le critère d'équilibre et d'harmonie me guidait là encore. C'est toujours cette fameuse « cohérence », cette « unité » dont nous avons parlé !

Alphonse : Dans ce travail, vous sortiez complètement de l'univers des plantes ?

Jean-Marie : Ah oui, c'était dramatique, laisser les plantes pour aller vers les pierres fut une vraie épreuve pour moi. J'avais dans la tête à cette époque-là de refaire la classification du monde végétal, c'est-à-dire d'être une souris de muséum ; et comme je me sentais si bien dans les herbiers du Muséum où j'allais de temps en temps me perdre à Paris, je me suis dit : « Maintenant ça y est, tu ne pourras plus jamais faire cela. Le grand projet de faire une nouvelle classification des plantes est par terre. Il faut t'occuper de la ville de Metz. » Dans cette circonstance, ce n'est pas le « moi » qui l'a emporté, mais la vie qui m'a poussé dans une direction que je n'avais pas vraiment choisie. A cette époque, avec toute notre équipe, nous réfléchissions à l'avenir de la ville, mais nous n'étions pas élus. Et voici que le maire de l'époque, Raymond Mondon, est mort. C'était tout à fait inattendu.

Brusquement, il fallut dire oui ou non. Il n'y avait pas deux solutions. Dire non, et huit ans de projets et de réflexions étaient par terre. Une dérobade. Mais dire oui, c'était tout prendre sur le dos. J'ai bien essayé de resquiller, de mettre mes amis en place sans y aller moi-même. Peine perdue. Les circonstances imposaient un choix que je n'eus donc pas à faire. Avec Jean-Marie, notre maire et les autres, il fallait y aller. Car la ville était dans un grand état de délabrement architectural, avec de terribles démolitions en cours pour faire de la rénovation urbaine. L'idée était de supprimer les « taudis » de la vieille ville pour faire une ville à l'américaine. Entendez des barres et des tours. Un sauvetage d'urgence s'imposait. Il fallu donc bien y aller.

Ce fut une rupture très forte par rapport au confort de mes projets de vie. Cela aussi je l'ai beaucoup aimé dans votre livre : être acculé à perdre ses sécurités, la perte des sécurités intellectuelles. Finie l'ambiance du labo, les longues sorties sur le terrain, les missions lointaines. Je savais d'instinct qu'il n'y aurait plus beaucoup de temps pour tout cela. Après tout a suivi, l'écologie urbaine, l'Institut d'écologie.

Quand je vois les jeunes comédiennes des feuilletons américains à la télévision dire sur un ton péremptoire : « J'ai pris mes décisions », je reste songeur. On m'apprit tout jeune à être « maître de soi comme de l'univers », je trouve que c'était bien prétentieux. Car ce sont souvent les circonstances qui décident.

Alphonse : N'y a-t-il pas un petit court-circuit dans ce que vous dites là ? Je suppose que nous ne sommes pas des marionnettes livrées au « hasard et à la nécessité » que vous détestez tant... Vous avez plutôt montré que la vraie décision se trouve entre subir et choisir la Vie, épouser le vent de la Création toujours à l'œuvre ! D'ailleurs, à un moment donné, vous avez tout de même pris la décision de quitter vos fonctions à la mairie... Cela s'est passé comment ?

Jean-Marie : Quand l'essentiel du projet de réhabilitation fut sur les rails, j'ai pensé que je n'étais plus vraiment utile. J'avais envie d'écrire parce que pendant toute cette période-là je n'ai écrit qu'un livre[3] : *L'homme renaturé*. Le

3. J.-M. Pelt, *L'homme renaturé*, Seuil, 1977 (Rééd. 1991).

temps manquait pour écrire. Je souhaitais retrouver les plantes. Cela me reprend de temps en temps. Et donc, je ne me suis plus représenté en 1983. Mais je suis resté en amitié avec toute l'équipe, avec l'immense satisfaction de constater qu'elle restait sur la même ligne. Moi parti, Metz a continué à s'embellir. C'est à son maire qu'on le doit.

Alphonse : C'est dans ce cadre-là que vous avez fondé l'Institut européen d'écologie ? Est-ce une initiative de la municipalité de Metz ?

Jean-Marie : Oui, c'est la première chose qu'on a décidé de faire ensemble pour avoir un lieu où l'on puisse réfléchir sur la ville. On n'avait pas d'instruments pour réfléchir, seulement des intuitions. Roger Klaine les a mises en musique et nous en pratique.

Jésus-Christ :
« Le chemin, la vérité et la vie »

Alphonse : On a parlé des livres importants pour vous, des personnes qui vous ont marqué. Et spontanément vient à l'esprit la question : « Est-ce que vous avez eu un père spirituel qui vous a orienté, aidé ou accompagné sur le chemin de la foi ? » Dans notre destin, le père spirituel est un être tout à fait à part, il a sa demeure en Dieu ; façonné par la rencontre de Dieu dans le silence et la solitude, il est capable de guérir par sa seule présence, de comprendre les secrets des cœurs et nos profondeurs inconscientes. La puissance de sa parole est telle qu'elle peut marquer radicalement la vie d'un homme. Son amour sans limites et sa compassion pour son disciple sont hors du commun. N'est-ce pas trop indiscret de vous demander si vous avez eu la grâce insigne d'un tel compagnon, surtout dans ces épreuves dont vous parliez ?

Jean-Marie : Le père Lagarde sûrement. C'était un philosophe qui avait été à Dachau et chez qui j'ai trouvé ce cœur miséricordieux. Je le voyais souvent. Il était aumônier des Petites Sœurs des Pauvres. Il a certainement contribué, avant la période critique que nous avons évoquée, à dévisser un peu les boulons de la prison affective. Au fond, j'ai la même impression qu'avec Schuman : ce que j'ai aimé chez eux, c'est la bonté. C'était un homme bon. Schuman aussi était bon. Et puis c'était un homme sage. Il avait une carrière atypique, comme souvent les gens que j'ai rencontrés. Il n'était pas curé de paroisse, et en tant qu'aumônier, s'occupait d'un tas de choses et d'une foule de gens, y compris des militaires de la garnison de Metz. Il me parlait des philosophes grecs et il m'a fait prendre goût à la philosophie.

Pendant ma classe de philo, j'avais trouvé la philosophie difficile. J'avais aimé Pascal à cause de son pari, mais c'était à peu près tout ce que j'avais compris à la philo. Si j'aimais tant ce père Lagarde au fond, c'est parce qu'il était le contraire d'un prince de l'Église. Il n'y avait pas d'apparat en lui. On ne l'aurait pas imaginé pontifier dans une cathédrale. Tout était dans la profondeur et il n'y avait rien dans les apparences. C'était un petit bonhomme passant complètement inaperçu. Je l'ai aimé aussi parce que c'était un homme simple. Simple et bon. Un très bon directeur spirituel, ce père Lagarde.

Rachel : En fait, votre chemin de chrétien était tracé depuis votre naissance et vous n'avez jamais eu la moindre question à son sujet, à savoir si c'était le bon ou si, éventuellement, vous auriez pu devenir bouddhiste, soufi ou hindou ?

Jean-Marie : Jamais. Je mentirais si je disais que je me suis posé des questions à ce sujet. J'ai vécu la foi chrétienne chevillée au corps et je crois avoir été épargné par l'épreuve du doute. Sauf une seule fois. Je m'étais dit un soir au lit : « Et si tout cela n'était pas vrai ? » J'étais tout à fait surpris de cette question que j'avais trouvé saugrenue. Je me disais : « Ce soir tu n'es pas croyant. Oh, c'est une petite ruse du démon, c'est amusant. » J'ai ri de cette ruse. Le lendemain matin, nous avons été visiter une grotte souterraine près de Grenoble. Je me suis dit, avec cette sorte d'humour qu'aimait Robert Schuman : « Non seulement j'ai vu le Diable hier, maintenant me voici en enfer. » Cette journée-là fut la seule où je n'avais plus la foi, enfin la foi comme d'habitude. Je ne me suis pas fait de souci. Peut-être eût-il fallu prendre l'alerte au sérieux. J'ai pris cet épisode comme un coup loupé du démon. La vie m'a enseigné que, bien que très fort, il loupe souvent ses coups.

D'autres choses m'inquiètent aujourd'hui. Je me pose beaucoup de questions sur l'avenir de l'humanité. J'aurais tendance parfois, mais seulement par moment, à être moins optimiste que je ne l'étais. L'évolution me laisse perplexe : le choc des cultures – car nous vivons bien un choc des cultures –, l'asservissement de l'homme à l'économie, l'effrayant impérialisme du dollar, la rapide dégradation de l'écologie, tout cela m'inquiète fort. Ça n'est pas ma culture.

Je vois aussi que les valeurs chrétiennes ne sont plus transmises aux jeunes, ni le christianisme d'ailleurs. Cela me peine énormément. Car nous vivons d'une certaine manière l'agonie du christianisme en Europe. Décidément, tout va mal, me dis-je alors. Et je tombe tout au fond de moi... sur Jésus. Aussitôt une sorte de sécurité absolue s'empare de moi. C'est inexplicable. Je sens Jésus dans son vécu, et surtout dans l'abandon dans lequel les siens l'ont laissé au jardin des Oliviers... et pire encore, en croix. Ce que je ne sentais pas du tout durant toute la période précédente de ma vie. Là je sentais le Dieu transcendant, le Père du Ciel et de la Terre. Mais maintenant, je ressens Jésus dans l'intimité de mon expérience. Je peux m'identifier à lui, à ce qu'il a vécu. Là se cache, je pense, le fabuleux trésor du christianisme, son originalité unique. Mais peu en ont conscience.

Alphonse : Mais vous étiez pessimiste devant l'horizontalité des choses qui est un beau chaos à vos yeux actuellement. Et quand vous descendez dans une certaine verticalité, il y a cette Présence qui vous semble conduire l'histoire et dont l'issue ne peut être que lumineuse.

Rachel : Jésus a dit : « Demeurez en moi comme moi je demeure en vous... »

Jean-Marie : Mon lien à la personne du Christ est venu à travers la grande crise d'il y a vingt ans, et n'a cessé de se renforcer depuis. Je me sens branché. Même quand j'ai la tête ailleurs, je suis branché. Je me dis : « Voilà, tout va mal, tout, partout », et vient aussitôt la promesse du salut, d'éternité. Pas de mon salut, mais du salut du monde.

Alphonse : Qu'en est-il alors du rapport des deux, entre cette histoire de l'humanité qui ne va pas et cette Présence secrète au fond de vous ?

Jean-Marie : Je pense que dans la vie, comme dans l'humanité, il y a une casse énorme, des « rendements », si l'on peut se permettre cette expression, très faibles.

Le rendement de la photosynthèse, c'est un peu moins d'un pour cent, le rendement de l'humanité en émergence à la conscience, en vrai progrès humain, n'est sans doute pas meilleur ! C'est comme la parabole du semeur : parmi les graines, il y a toutes celles qui ont été piétinées, toutes celles qui ont étouffé, toutes celles qui n'ont pas germé, toutes celles qui sont tombées à côté, bref, une terrible déperdition d'énergie potentielle, spirituelle. Pourtant, demeure un mystère. Il y a cette certitude profonde, ce « malgré tout » qui fait que cela débouche sur les valeurs éternelles, et ce « malgré toutes » les apparences contraires. N'est-ce pas au fond le sens de l'Apocalypse ? Tout va au plus mal, mais Dieu nous sauve.

Alphonse : C'est le secret de la mystique juive qui est si puissamment exprimée par Job. On voit à un moment donné que plus rien ne va chez cet homme, dans sa vie, rien ne va plus. Et après quarante chapitres de souffrances atroces où Dieu lui-même semble absent, n'en pouvant plus, couvert d'ulcères, assis sur son tas de fumier, il dit à Dieu : « Même si Tu me tues, j'espère en Toi. » Et ce « même si », ce « malgré tout » a été porté à sa vraie plénitude par le Christ. Job sur le tas de fumier, c'est le Christ en croix. On retrouve chez le Christ, dans ce moment où rien ne va plus, cette même confiance, un abandon. Il nous apprend à vivre ce que vous dites.

Jean-Marie : Et en même temps, on reste désespérément à la recherche, jour après jour et à tout moment, de sécurités en se disant : « Et si ça ne marche pas, et si..., et si... que vais-je, qu'allons-nous devenir ? » Dans la recherche des sécurités, il y a ce que je crois profondément juste dans le fameux : « Aide-toi, le ciel t'aidera. » Nous devons avec toute notre intelligence conduire au mieux notre vie, prévoir, organiser, ne pas s'en remettre pour tout aux autres. Un certain volontarisme est nécessaire. Et quand tout cela est fait, le dernier mot revient à la Providence : c'est alors ce second adage qui prévaut : « L'homme propose, Dieu dispose. » Il y a comme deux états en nous : d'un côté cette accroche aux sécurités de la vie ; de l'autre cet abandon complet. Et d'ailleurs, sécurité ou pas, la vie nous porte.

Alphonse : Oui, mais ce premier état, c'est le champ d'exercice pour arriver au second. La vie est le laboratoire, le chantier pour exercer cette attitude d'abandon. C'est cela qui me paraît important.

Rachel : Dans le « même si », il y a quelque chose qui me remonte à la mémoire : on a retrouvé une lettre, à Auschwitz, d'un Juif qui savait la veille qu'il devait se préparer pour être brûlé le lendemain. Alors il écrit à Dieu et sa lettre a été retrouvée. Il dit : « Adonaï, Tu as tout fait pour que je ne croie plus en Toi, mais Tu n'y es pas arrivé. »

Jean-Marie : Je sens le monde actuel si loin de tout cela, livré aux puissances d'argent, engagé dans une fuite en avant éperdue. L'ivresse du rien, que de la mousse mais pas le champagne dessous, le fracas de la pub, de l'éphémère : ce monde est inhumain. Il ne laissera rien.

Rachel : Nous avons besoin d'être comblés, nous sommes créés pour cela ! Et comme Dieu ne nous comble pas, nous recherchons des substituts...

Jean-Marie : Éperdument, oui. La science, la recherche sont prises dans ce tourbillon. Les voici entièrement sous la coupe de l'économie. Je ne nie pas le bien-fondé des relations entre l'entreprise et l'université. Mais il y a des limites à ne pas franchir. Quand la science tourne au scientisme, elle me déplaît ; mais quand elle est en plus pieds et poings liés à l'économie, elle me déplaît absolument. Je m'interroge beaucoup sur l'avenir de la biologie, un secteur sensible où les enjeux financiers sont colossaux. Est-il acceptable que l'on aille jusqu'à breveter les gènes humains ?

Rachel : C'est vrai et en même temps on a choisi le Christ. Il a dit : « Soyez mes témoins », c'est cela qui doit faire notre joie. C'est dans ce monde-là que nous devons être des témoins. Alors, la grande question monte : « Est-ce que l'Église, dont je fais partie, témoigne de l'amour et de la joie que le Christ est venu apporter ? »

Alphonse : Vous avez une pensée sur ce monde, qui s'exprime par votre façon de parler. Tout est dans notre approche de la réalité. C'est un peu comme ces deux ivrognes qui regardent la même bouteille contenant un demi-litre de vin, l'un dit : « Elle est déjà à moitié vide », et l'autre dit : « Mais non, elle est encore à moitié pleine. » C'est la même réalité, mais avec des approches différentes. Cela me paraît extrêmement important, parce que notre liberté s'exerce dans notre regard sur les choses. La vie spirituelle, le chemin est là où notre liberté choisit de donner du sens à la réalité. Par exemple à la fin de l'évangile de saint Matthieu, le Christ utilise le langage apocalyptique pour décrire le monde. C'est une horreur, l'« abomination de la désolation », mais il y a ce petit mot à la fin : « Redressez la tête », il s'agit d'un « enfantement ». Voilà une tout autre approche... Il fait la même chose avec les disciples d'Emmaüs au lendemain de la Passion. A la mort du Christ, ils sont désespérés. Pour eux tout est par terre. Cet étranger sur leur chemin c'est le Christ, ils ne le reconnaissent même plus, tellement leur regard est voilé ! Pourtant ils ont vécu avec Lui. Jésus alors transforme leur approche en leur apprenant à regarder autrement. Il leur dit : « Insensés, vous avez perdu le sens. Ne saviez-vous pas que... » Il leur apprend un tout autre regard sur la même réalité et ils finissent alors par le reconnaître, dans le geste de la fraction du pain. Quel regard portez-vous sur le monde : moitié plein ou moitié vide ?

Jean-Marie : Tout dépend des moments, je suis complètement immergé dans l'action, en contact avec les milieux les plus divers. Quand je donne des conférences, quand je suis avec les gens, avec les jeunes, le courant passe. Les gens sont préoccupés par l'avenir. Ils sont inquiets pour la planète, pour leurs enfants. L'évolution de la société les interpelle. Face à l'ampleur de la tâche, on serait parfois tenté de se dire « courage, fuyons ». Pour moi cette tentation prenait jadis le visage du monastère et surtout des jardins de monastères. C'est un des nombreux rêves que j'ai caressés. J'ai beaucoup fréquenté les monastères. J'y ai écrit des livres. Mais je me suis toujours trouvé replongé dans le monde. Et maintenant, je n'ai plus envie de m'échapper. J'estime que je dois faire mon travail là où je suis. C'est bien ce que font les moines d'ailleurs. Il suffit de fréquenter un tant soit peu les monastères pour savoir qu'un moine est à la tâche, et non en fuite !

Rachel : C'est ce que le Christ veut. Il a dit : « Vous êtes dans le monde, mais vous n'êtes pas du monde. » Je pense qu'aujourd'hui il n'y a plus personne qui soit au chaud dans les sacristies, bien à l'abri de « ce monde ».

Vous nous avez dit que dans votre jeunesse, dans votre foi, vous nommiez Dieu le Père. Certes, il y avait bien Jésus, mais c'était le « petit Jésus », et puis vous disiez qu'il y avait eu, dans l'évolution de votre existence, une évolution de votre foi. Est-ce le passage du petit Jésus au Christ ?

Jean-Marie : Oui, mais je ne sais pas comment cela s'est fait. Jésus, c'est plus que la foi pure en un Dieu infini, clément et miséricordieux, comme disent les musulmans. Les jeunes diraient, Jésus c'est un plus. C'est une image humaine, proche, de Dieu. Cette image-là, je n'en avais pas besoin quand j'étais jeune. Mais quand on a mesuré par tous les événements de sa vie, sa petitesse et sa faiblesse, quel bonheur d'intérioriser l'image d'un Dieu qui a vécu comme nous, une vraie vie d'homme, sans se dérober et sans tricher. « Le royaume est tout proche, il s'est approché de nous[4] », comme le dit si merveilleusement le Père Éloi Leclerc. Ce que j'aime chez Jésus, et ce

4. Éloi Leclerc, *Le royaume caché*, Desclée de Brouwer, 1987 et *Dieu plus grand*, Desclée de Brouwer, 1990.

par quoi il nous libère, c'est qu'il transgresse les rigueurs de la loi : il guérit le jour du Sabbat, fréquente les prostituées, parle au centurion romain et aux Samaritains honnis à l'époque ; et du coup il se met les pharisiens à dos. Ils étaient pourtant de bons pratiquants...

La vie suppose presque obligatoirement des transgressions à la rigueur de la règle. Je voudrais bien connaître celui qui n'a jamais transgressé. Pas vu, pas pris, c'est au fond ce que pensent la plupart des gens, mais pas tous. Il y a aussi de modernes pharisiens, pointilleux et chatouilleux sur les lois et les principes. Souvent ils ont un côté un peu tristounet... Jésus, c'est autre chose : la Vie, l'Amour, la Joie d'être ensemble, la guérison des corps et des âmes. Nous l'approchons directement avec notre nature humaine qu'il a partagée. C'est là une réalité tout à fait particulière au christianisme, au cœur même de notre foi. Nous l'approchons par nos faiblesses. Quand saint Paul dit : « Ma force est dans ma faiblesse », il a raison. Je pense de même. Le Dieu Tout-Puissant, pour un peu, risquerait de nous écraser. Voyez les musulmans inclinés devant Dieu, soumis, la tête à terre. Je les comprends fort bien. Mais il faut aussi que Dieu nous relève et nous élève. Ça, c'est le rôle de Jésus. Il nous soulève dans sa mouvance, non par sa force, mais par sa pauvreté, son sacrifice. Jésus nous rencontre dans notre pauvreté. Je crois que cela aussi est propre au christianisme et c'est pourquoi les pauvres y tiennent une si grande place. Peut-être est-ce là ce qu'ont ressenti les premiers chrétiens persécutés et rejetés ; mais à partir du moment où l'Église s'est rapprochée du pouvoir, ce n'est plus l'image première qu'elle a donnée d'elle. Il est urgent de revenir au Jésus des Béatitudes. Donc quand tel de mes amis me dit que nous en sommes toujours au tout début du christianisme, cela n'est peut-être pas tout à fait faux.

Rachel : C'est saint Irénée de Lyon qui dit : « Dieu s'est fait homme pour que l'homme devienne dieu », et souvent, le christianisme s'arrête au Christ crucifié et on n'entre pas dans ce mouvement où, comme vous l'avez dit, c'est Lui qui nous élève. Notre destinée, c'est de devenir des dieux. Nous sommes « créés à l'image de Dieu » et nous avons à devenir des dieux. Comme nous oublions cela, nous courons après des gloires qui sont de fausses gloires, et alors la vie n'a pas de sens.

Jean-Marie : De l'année de philo j'ai retenu que j'aimais Pascal plus que Descartes. Mais bien après, j'ai découvert toute l'histoire du Dieu caché de Pascal et son très beau texte sur le « bon usage des maladies ». J'ai trouvé Pascal très sensible à un Dieu qui nous rejoint dans notre faiblesse. Et quand j'étais moi faible, je l'ai ressenti comme tel. Quand on est très très faible, on a besoin d'un Dieu proche et tendre qui relève et qui cajole, un Dieu incarné, un Dieu maternel. Le Dieu Tout-Puissant, dans ces cas-là, est inaccessible.

Rachel : Un Dieu de tendresse...

Jean-Marie : Et un Christ ressuscité. J'ai été toute ma vie très sensible à la dimension de la résurrection. J'ai toujours considéré que malgré toute l'affectivité liée à la fête de Noël, Pâques est beaucoup plus importante. Il y avait une joie particulière à Pâques que j'ai sentie très jeune. Je n'ai jamais été bloqué sur le vendredi saint, sur la crucifixion. La ressurection, c'est le cœur vivant du christianisme, l'épicentre de l'aventure humaine.

Alphonse : J'aimerais dans cette mouvance vous poser la question de Jésus à ses disciples : « Qui dites-vous que je suis ? » Qu'est-ce que vous répondriez à cela, vous personnellement ?

Jean-Marie : « Qui dites-vous que je suis ? » Jésus est la seule présence qui m'ait accompagné durant toute ma vie sans défaillance aucune. La vie est tissée de rencontres, mais aussi de pertes, de séparations. Mais la relation au divin assure la continuité au-delà de tous les aléas de la vie. Jésus, c'est cette continuité absolue, ce qui donne une référence sûre par rapport à tout ce qui est mouvant. C'est la première réponse qui me vient à l'esprit.

Un deuxième point, c'est l'idée de liberté. Jésus était – est – un homme libre. Il s'est exprimé en homme libre.

Il a toujours perçu l'humain dans son authentique profondeur, au-delà des règles et des règlements dans lesquels la société ou la religion l'enferment. Dans la bonne vieille religion de son temps, la femme adultère est condamnée. Jésus ne condamne pas, Il pardonne. Sa capacité de pardonner va au-delà des lois et des règlements en vigueur. Voilà la deuxième idée : lorsque la religion enferme, Jésus libère.

La tendresse maternelle de Dieu

Rachel : Jean-Marie, vous venez d'employer le mot pardon, il y a donc quelque chose à pardonner ?

Jean-Marie : Certes. Tous, nous faisons du mal à nous-mêmes ou aux autres, consciemment ou non. L'essentiel est d'en faire le moins possible. C'est là qu'interviennent la miséricorde et le pardon. Curieusement, cette question s'est posée durant toute ma carrière universitaire. J'ai présidé pendant des années l'instance nationale qui gérait les carrières de mes collègues au ministère. Cela fonctionnait par un système de notation qu'on essayait de rendre le plus objectif possible. Les professeurs adorent se noter, s'évaluer mutuellement. C'est une déformation professionnelle. Et souvent, ils notaient sec. J'avais à orienter les débats, parfois à arbitrer. Tout mon travail était de laisser leur chance aux condamnés. Je ne tournais jamais le pouce vers le bas. Ou je soutenais le candidat, ou si vraiment il y avait visiblement un problème, je n'intervenais pas. Mais je n'ai jamais coulé quelqu'un délibérément.

Même débat à la Fac à propos des notes éliminatoires. Peut-on, à soi tout seul, couler un candidat par ce système de couperet où une défaillance dans une matière est mortelle ? Je ne l'ai jamais fait. Il faut laisser sa chance à celui qui est tombé ici, de se relever par ailleurs, s'il est bon dans d'autres matières. Mes collègues m'ont reproché de pécher par faiblesse, parce que, dans les délibérations d'examen, j'étais le vilain petit canard qui plaidait pour le rattrapage quand il manquait un point ou deux. Je découvrais le vieux fond humain qui n'est pas toujours bienveillant, loin de là : cela révulsait ma pente naturelle à la bienveillance, à la miséricorde. Je n'ai aucune expérience de la justice. Je sais seulement que je n'aurais sans doute jamais pu exercer le métier de juge. J'aurais privilégié l'équité sur le droit, surtout lorsque le droit condamne injustement.

Paradoxalement, l'acte grave, l'agression, la violence, je le sanctionne sans état d'âme. Car lorsque le mal révèle son visage hideux, tue et blesse, il n'y a pas à transiger. Encore faut-il savoir où est le mal : une femme divorcée, abandonnée et qui se remarie, un homosexuel vivant en couple, voire un couple non marié font-ils du mal ? Est-il légitime de les enfermer dans la condition de pécheurs à vie et de les exclure de la vie sacramentaire ? Là aussi, j'aimerais que la propension à la miséricorde se substitue à la condamnation. Passera-t-on un jour d'une théologie de l'interdit et de l'exclusion à une théologie du pardon et de la miséricorde ?

Alphonse : Vous mettez le doigt sur une réalité tout à fait centrale de la Bible. Le mot « miséricorde » y est aussi nombreux que les étoiles du ciel, c'est vraiment la clé d'une portée sur laquelle s'inscrit la relation entre le Juif et Dieu. Traduit de l'hébreu, il signifie littéralement « la matrice » et arrache donc à l'amour son secret inscrit dans la chair profonde, cette impossibilité viscérale pour Dieu de ne pas aimer l'homme ou de l'oublier. Dieu est Mère autant que Père ; comme disent souvent les textes : Il est ému jusqu'aux entrailles pour l'homme. Les « entrailles » sont justement le symbole biblique de l'infinie tendresse maternelle de Dieu ! Partout, dans la Bible, Dieu se définit par la Miséricorde, il n'est pas étonnant alors qu'en s'incarnant en Jésus-Christ, Il inscrive ce visage-là dans l'histoire des hommes. Le cœur de Dieu vient à fleur de peau dans la vie de Jésus. Il est d'une sensibilité extrême et vulnérable pour tout homme qui souffre, toujours il se trouve du côté des rejetés et des exclus, il ne supporte pas que l'on soit malheureux... Pour celui qui a senti reposer sur lui le regard d'infinie miséricorde de Jésus qui plonge jusqu'en son tréfonds, le mal du péché et toutes les malédictions ont disparu ! On expérimente alors que la miséricorde c'est Quelqu'un, Il fonde notre être. C'est la seule force qui puisse vraiment guérir et sauver, renouveler l'homme.

Jean-Marie : Comme je suis d'accord avec tout cela. L'heure est venue de promouvoir une véritable culture du pardon individuellement et collectivement. La situation au Proche-Orient, l'affrontement entre Israéliens et Palestiniens illustre depuis un demi-siècle ce qu'est un monde sans pardon, livré à la spirale de la violence et de la vengeance. Il faut que la culture du pardon entre dans nos mœurs ; qu'elle soit un objectif majeur de nos systèmes d'éducation. Mais le pardon n'est pas une valeur reconnue, promue. La République ne connaît pas le pardon. C'est une valeur nouvelle qu'elle devrait intégrer. Certes je ne rêve pas. Je sais combien le pardon, en certaines circonstances, est difficile, surtout si celui à qui on veut pardonner ne veut pas de pardon. Le pardon alors est très difficile.

Rachel : C'est parce que le pardon est gratuit. Je pardonne mais je n'attends rien de l'autre en face. Je ne pose pas de conditions, sinon, il n'y a pas de gratuité.

Alphonse : C'est justement par cette dimension non conditionnée, de gratuité, que l'on découvre le visage du Christ, parce que Dieu est hors toutes conditions, Il est gratuité pure. C'est par là qu'on approche le visage du Christ.

Rachel : Mais dans le Premier Testament, tout autant que dans le second, il est répété : « Si tu reviens... » Le Père dit : « Même si tes péchés sont cramoisis », donc noirs, noirs, noirs, « Si tu reviens, ils seront blancs comme la neige », et le Christ dit à son tour : « Va et ne pèche plus. » Je te pardonne tout, je te relève mais va et ne pèche plus, parce que le péché te tue. Le Christ pardonne pour que j'aie la vie. Il pardonne pour que je vive.

Jean-Marie : Il y a cette phrase du « Pardonner soixante-dix-sept fois sept fois », on est tranquille, on n'est jamais au bout.

Alphonse : Oui, soixante-dix sept fois sept fois, cela veut dire qu'il n'y a aucune limite. C'est un état. Il y a les pardons ponctuels, et puis peu à peu, cela devient une façon d'être. Mais qu'est-ce que cela donnerait au plan des peuples, et des rapports internationaux ? Ce qu'on appelle la non-violence n'a jamais pu être vécue à cause de cela.

Jean-Marie : Le « soixante-dix-sept fois sept fois », cela veut dire qu'en fait, on n'est jamais au bout. Et de fait on n'y est jamais. Je vois bien comment je fonctionne. Un soir apparaît à la télé un personnage connu, médiatique, et voilà qu'il dit des choses qui me choquent affreusement. Il agresse, il dénigre, il fanfaronne, il est cynique dans ses critiques, son ego fait exploser l'écran. En fait, il semble bien qu'il soit méchant. Et voilà qu'il me tombe du cœur. Je ne l'aime plus. Mais comment passer là-dessus, ne pas lui garder rancœur, quand je le vois à nouveau et que positivement, il m'exaspère ? Pardonner, mais comment ? Si je pouvais lui parler, je trouverais la petite faille où l'humain toujours transpire. Et ce serait fait. Mais comme cela... Je pense à cette personnalité politique de premier plan qui a failli jadis torpiller notre Institut. On a gagné de justesse. Mais voilà, je ne l'aime pas. Comment lui pardonner en dehors d'une rencontre de réconciliation ?

Rachel : Ce qui nous libère, c'est de faire la différence entre la personne et ses actes. C'est de pouvoir dire que quelqu'un a tué un autre, mais de ne pas le traiter comme un meurtrier. Il s'agit de voir les actes, mais de ne pas réduire la personne à ce qu'elle fait ou a fait. Je ne peux pas être d'accord avec les actes. Je ne peux pas être d'accord avec la faim dans le monde, je ne peux pas être d'accord avec l'injustice, je ne peux pas être d'accord avec tout ce qui tue mon frère, mais je ne peux pas, moi, juger le frère. Je n'ai pas le droit de juger. Je crois que lorsqu'on prend conscience de cela, on peut faire un chemin extraordinaire. Le Christ a dit : « Tu ne jugeras pas. »

Jean-Marie : C'est si difficile. Alors je vois le chemin extraordinaire qui me reste à faire. Encore que ceux-là mêmes qui m'exaspèrent, jamais je ne ferais quoi que ce soit qui puisse leur nuire, si cela était en mon pouvoir. Je n'ai jamais utilisé le pouvoir pour régler des comptes.

Alphonse : Vous dites que le pardon est impossible à l'homme mais que c'est un visage du Christ. Puisqu'il est au fond de vous, et au fond de la réalité, c'est vous qui allez rendre possible le pardon. C'est à lui qu'on va dire : « Seigneur, moi, je n'arrive pas. Mais toi, à travers moi, Tu vas pouvoir pardonner. » Et là le pardon est de l'ordre du miracle : il permet à Dieu d'être Dieu.

Jean-Marie : Je suis retors. Je pense à cette personne qui récemment m'a profondément blessé. Je voulais lui pardonner, mais n'y suis pas parvenu. Et puis j'ai rêvé d'elle, nous étions très bien, très amicalement ensemble, il n'y avait plus rien. Et je me suis dit après ce rêve : « Comment puis-je en vouloir tellement à cette personne ? » Cela m'a complètement rabiboché avec elle, mais ma terrible nature a repris le dessus et au bout de trois semaines, c'était reparti...

Alphonse : Votre nature a reculé. C'est intéressant : dans l'orthodoxie, selon la Tradition biblique, ce type de rêve s'appelle un songe. Et contrairement au rêve, le songe est un lieu où on est visité par les saints, par les anges, peut-être par le Christ lui-même qui nous donne une parole.

Jean-Marie : C'est vrai, je m'étais réconcilié dans le rêve. C'est très étonnant.

Alphonse : Et de cet appel, qu'est-ce que vous en avez fait ?

Jean-Marie : La personne a récidivé maintes fois et donc je suis retombé dans ma position antérieure. Mais ce n'est pas quelqu'un que je connais bien ; c'est quelqu'un de lointain, une personnalité politique avec laquelle je suis dans un désaccord profond ; donc ce n'est pas quelqu'un à qui je peux aller dire : « Bon... » Je pense là que nous sommes dans notre nature humaine avec toutes nos faiblesses[5].

Alphonse : La miséricorde et le pardon sont intimement liés. La miséricorde, c'est vraiment le visage de Dieu et le pardon, c'est la mise en pratique, j'allais dire de sa Présence elle-même. C'est le don parfait : par-don.

Rachel : Il y a une grande aide dans l'orthodoxie : nous cultivons le souvenir de la mort. Mais pas la mort comme quelque chose de néfaste et d'horrible. Dans notre tradition, nous disons chaque matin : « Aujourd'hui pourrait être mon dernier jour », et chaque soir en se couchant : « Aujourd'hui pourrait être ma dernière nuit. » Et alors, c'est quelque chose de très constructif, parce que du coup, la journée, elle va être autre. Si aujourd'hui c'est vraiment mon dernier jour, comment est-ce que je vais vivre ce dernier jour ? Si cette nuit peut être ma dernière nuit, je ne puis me coucher le cœur empli de colère contre mon frère.

Jean-Marie : Ce que vous dites me touche directement. Par rapport aux proches, avec qui on peut échanger, je ne peux pas m'endormir si je ne suis pas au clair avec eux dans une attitude de pardon, de restauration de bonnes relations. Je suis très sensible à cela. C'est très important pour moi.

Alphonse : Ce qui stupéfie chez le Christ, c'est que cette liberté n'a aucune limite. Il meurt d'amour pour ceux qui le crucifient et va donc jusqu'au pardon des ennemis. L'amour des ennemis, cela veut dire que l'on n'a plus d'ennemis en fait, même si objectivement ce sont des ennemis ; mais vous, vous n'en avez pas, parce que vous leur avez pardonné et donc vous êtes libre de toutes ces dépendances et ces ressentiments, et de tout ce qui peut vous grignoter et finalement vous ronger à mort... Je trouve que c'est le sommet de tout. Cette liberté face à

5. En relisant les épreuves de ce livre, je m'aperçois que je suis parvenu à pardonner à cette personne. Avoir évoqué ici cette blessure a sans doute contribué à la guérir.

l'ennemi, mais aussi l'ennemi qui s'appelle contrariété, hostilité des événements, difficulté de vivre au quotidien... La mort elle-même, qui est l'Ennemi par excellence, le Christ l'accueille dans un suprême acte de liberté...

Jean-Marie : Cela demande un détachement considérable. C'est un chemin laborieux et difficile. Surtout quand on est engagé dans des combats comme l'écologie et qu'on pense aux générations futures que l'on hypothèque si lourdement. Je suis très sensible à l'avenir des jeunes. Eux aussi d'ailleurs... Quand je vois ces décisions qui obèrent lourdement l'avenir, le recours massif au nucléaire par exemple ou la destruction rapide des forêts qui jouent un rôle décisif dans la régulation des climats, il m'arrive d'avoir des réactions très vives. C'est la fameuse idée des saintes colères.

Alphonse : La sainte colère, c'est plus une indignation. C'est important d'être indigné, le Christ l'a été souvent. Mais l'indignation, contrairement à la colère, est un véritable acte de liberté. On n'est pas hors de soi, emporté par la passion, à tout moment on garde sa maîtrise... La colère est meurtrière pour l'autre, alors que l'indignation est une exigence de l'amour... On n'accepte pas que l'homme puisse se rabaisser à ce point et démolir son propre mystère ! En s'indignant, on jette à l'autre une bouée de sauvetage...

Jean-Marie : C'est quelque chose que je ressens très fort. Je suis souvent indigné par l'injustice qui laisse la moitié des humains dans le dénuement.

Alphonse : Pourquoi ? Est-ce que vous voyez dans le visage de ces pauvres aussi l'amour du Christ ?

Jean-Marie : Je me pose de drôles de questions. Si j'avais été chef d'État, j'aurais dépensé des sommes vertigineuses, il y a dix ans encore, pour aller sur Mars par exemple, parce que je suis curieux de l'histoire de l'univers et des lointains les plus lointains. Aujourd'hui, je me pose d'autres questions. Quand il y a une telle pauvreté sur la terre, n'est-ce pas là qu'il faut investir d'abord ? Je suis beaucoup plus sensible, disons, à l'état de l'humanité qu'à d'autres époques de ma vie où j'aurais foncé glorieusement vers des lendemains qui chantent. Aujourd'hui, je suis plus préoccupé par l'état du monde tel qu'il est.

Le débat sur les OGM m'a aussi donné à réfléchir. Je me suis trouvé brusquement confronté à un monde nouveau pour moi : quelques multinationales dont j'ai découvert l'énorme puissance que je ne soupçonnais pas. J'ai vu que le monde entier devait marcher comme ces multinationales l'avaient décidé, quel que soit ce que pouvaient penser beaucoup d'agriculteurs, les consommateurs, les politiciens et une large majorité de la population. Mais on ne leur demande pas leur avis : on développe un lobbying intense et ils n'ont plus qu'à plier. Et tant pis si plus tard la consommation de ces aliments contenant des pesticides génèrent de graves problèmes de santé. Cela, je n'ai pas pu l'accepter. L'honneur de l'écologie, c'est de ne plus dire « après moi le déluge ».

Alphonse : Là on voit bien que la présence du Christ et son message ont pour vous une dimension personnelle et politique, planétaire. C'est extraordinaire et important. Ce n'est pas « Dieu est mort », comme on le disait autrefois. Est-ce que vous pouvez compléter cette question de Jésus : « Qui suis-je pour toi, Jean-Marie ? »

Jean-Marie : On a déjà évoqué sa permanence dans ma vie, sa liberté, sa miséricorde et naturellement le pardon. Après il y a cette notion difficile à manier qu'est l'amour. L'amour c'est deux choses. La première, c'est la manière dont le perçoit la société. C'est d'abord le fameux : « Je t'aime. – Moi aussi je t'aime », si souvent entendu au cinéma et à la télévision. Des amours qui, contrairement au développement du même non, sont rarement durables. Et puis, il y a aussi « faire l'amour », une expression somme toute étrange. On dit « faire la vaisselle »... mais faire l'amour... Et puis il y a l'amour comme on en parle à l'église. Dans les homélies, l'amour est là à tout bout de champ : on a, sur l'amour, le sermon facile.

Rachel : D'autant plus facile qu'on ne sait toujours pas ce que c'est...

Jean-Marie : Oui, c'est vrai. Moi, je ne sais pas ce que c'est dans ce sens-là.

Alphonse : Vous étiez en train de dire que c'était le Christ...

Jean-Marie : Oui, car l'amour vous saisit quand on reconnaît dans l'autre son visage, ou quand on le regarde avec son regard. L'autre n'est pas forcément un proche, ce peut être n'importe quel inconnu. Par exemple dans le métro, s'il rate la marche, on va le retenir ; il devient le prochain à qui l'on porte secours comme dans la parabole du bon Samaritain. Mais s'il ne rate pas la marche, il reste un inconnu. Et pourtant, on jette un coup d'œil à celui qui est assis en face de soi ; il détourne le regard et on ne le regarde plus non plus. Personne ne regarde personne dans le métro, mais tout le monde regarde tout le monde quand même ; et puis tout à coup on ressent l'humanité partagée. Chacun est différent. Derrière chaque visage se cache le mystère d'une personne, d'une vie à nulle autre pareille. On entre en sympathie. Elle est de ta famille et de ta chair : la commune humanité. Et voilà, brusquement, on est dans l'amour. Mais ça n'est pas comme dans les sermons. Cela doit être ressenti avec le cœur. Dans les sermons bien souvent, c'est l'intellect qui parle et l'intellect est froid, mais le cœur est chaud. J'ai souvent envie de réchauffer les sermons. Quand le sermon est fini, il m'arrive de me dire : « Il n'a rien dit du tout. » On peut faire des phrases magnifiques, dire des choses émouvantes mais sans émouvoir le moins du monde, parce que le cœur n'est pas impliqué dans ce qu'on dit avec la tête.

Alphonse : Il faut l'union des deux.

Jean-Marie : J'ai toujours cette même réaction dans le métro. Nous sommes tous des anonymes, et pourtant, je nous sens frères en humanité : qui ne reçoit un renseignement lorsqu'il demande sa route ? Les gens s'arrêtent et vous répondent gentiment avec le sourire. Aussitôt le courant passe et c'est un court instant de partage. Si on tombe en panne au milieu de la route, certains klaxonnent méchamment, c'est vrai. Mais d'autres, en même temps, rangent leur voiture de côté et viennent vous aider à pousser la vôtre. Ils cherchent à rendre service, gratuitement, aimablement. Toujours, partout, il y a cette générosité en l'air. Les graines sont là, enfouies dans les cœurs. L'entraide est une force considérable, mais que nul ne mobilise, ne valorise. La vie, lorsqu'elle jaillit spontanément à l'occasion d'une rencontre inopinée est pleine de promesse.

Rachel : Il y a quelque chose d'important dans ce que vous avez dit par rapport à votre regard sur l'un ou sur l'autre dans le métro : « Mais oui, nous sommes de la même fraternité, la même humanité. » Donc, quelque part, vous n'avez pas dit « moi », mais « toi » parce que l'amour ne dit pas « moi », il dit « toi ». Tout est dans la qualité de mon regard. Ou c'est un regard qui juge et je dis « moi », ou alors il y a le regard de l'amour et je dis « toi ».

Jean-Marie : On peut avoir les deux, un regard d'amour ou un regard agacé. On a des états d'âme. Je me méfie des états d'âme. L'état de l'âme, dans son authentique profondeur, voilà ce qui compte. Les états d'âme expriment l'agitation superficielle du mental.

La vie de l'univers

Alphonse : Vous venez de parler de vos états d'âme, Jean-Marie, mais ceux-là sont très dépendants de ce qui vous anime en profondeur. Quel est votre motif pour vivre ? Qu'est-ce qui anime votre désir le plus secret ?

Jean-Marie : C'est à la fois une immense curiosité pour l'univers, la vie, l'évolution, l'humanité et un dur labeur pour aider l'émergence de l'humanité à la conscience.

Alphonse : Qu'est-ce qu'il y a derrière ce dur labeur ? Un autre que Jean-Marie Pelt n'est pas obnubilé par cette réalité. Pourquoi cette perplexité, ce désir d'éveil de la conscience ?

Jean-Marie : Parce que je rêve d'une humanité libérée et apaisée. Libérée de ces démons qui nous tiennent si fort : la recherche éperdue de la puissance et du pouvoir, l'argent, les armes, la drogue. Et apaisée parce que moins agressive, plus solidaire.

Rachel : Vous voudriez retrouver le jardin d'Éden ?

Jean-Marie : Oui, il y a de cela. On a dit que Metz était une ville jardin. J'ai toujours eu cette idée en tête. Il reste à construire une planète, avec les enfants qui font la ronde...

Rachel : Un jardin d'enfants...

Jean-Marie : Je projette ce mythe du passé dans le futur et j'imagine une sorte de réconciliation. Je partage cette part de rêve qui se cache au tréfonds de chacun de nous, souvent étouffée par les bruits de la vie, et la tentation du chacun pour soi, si forte en notre temps.

Alphonse : Vous avez déjà pensé que ce désir ultime qui est au fond de vous est habité par l'étincelle divine, par une grâce, peut-être même est-ce une vocation ? Ce désir que vous décrivez qui est au fond de votre être, il a bien une source...

Jean-Marie : C'était déjà là lorsque j'étais tout petit, et ça l'est resté. C'est inscrit dans ma nature. Je n'ai jamais renié l'enfant, ce désir d'entrer dans le jeu pour y apporter une note verte et tendre mais forte aussi, car si je suis un rêveur, je serais plutôt un rêveur éveillé. Si ce message ne passe pas, je suis grave. Sinon, je suis gai. Je trouve souvent notre monde triste et froid, si différent de l'Afrique par exemple où l'on chante et l'on danse, malgré l'immense pauvreté. Elle est si proche de moi Penda, mon amie peuhle. Très digne, très belle, droite comme un « i ». Elle rayonne d'une joie de vire profonde et naïve, existentielle, que rien n'altère.

Alphonse : Là, vous répondez par votre vie même à la question de Jésus : « Qui dites-vous que je suis ? » Jésus a introduit dans le monde l'éternelle Enfance. C'est ainsi qu'Il a vécu sa relation filiale au Père. La confiance et l'abandon étaient son attitude maîtresse. Et Il a affirmé que seuls ceux qui ressemblent à des enfants qui vivent cela entreraient dans le Royaume des cieux ! C'est pourquoi Il a posé conjointement une autre question, aussi fondatrice que la première : « Que veux-tu que je fasse pour toi ? » Comment lui répondez-vous ?

Jean-Marie : Qu'il m'aime ! J'ai ressenti cela tout récemment, un soir dans ma chambre que j'ai « sanctuarisée » comme un lieu de méditation et de paix. J'y ai mes icônes et mes livres mais aucun livre profane, pas d'écologie, pas de botanique, pas de journaux, pas de politique et naturellement ni radio, ni télé. Du calme et du silence avec une grande baie ouverte sur le jardin et la forêt au loin. Et voilà que j'ai tout à coup été habité par l'idée que Jésus m'aimait. La semaine avait été rude, avec beaucoup de déceptions car il avait soufflé un vent mauvais sur l'écologie. Tout allait mal. Ce n'est pas tant que je sois en déficit d'affection. Les temps ont bien changé depuis les grands abandons d'il y a vingt-cinq ans. Je suis entouré de beaucoup d'amour. Mais ce soir-là c'était particulier, j'avais besoin d'être aimé et j'ai eu cette pensée qu'Il m'aimait. Aimé de Jésus, comme le fut saint Jean, mon saint patron et, avec François, mon saint préféré.

Alphonse : La réponse à la question de Jésus : « Que veux-tu que Je fasse pour toi ? », c'est donc : « Seigneur, aime-moi » ?

Jean-Marie : Oui.

Rachel : Comme Il dit par la bouche d'Isaïe le prophète : « Je t'aime, tu as du prix à mes yeux. »

Jean-Marie : Pour nous en effet, la vie a du prix. Elle est même sans prix. Pas comme chez ces terroristes kamikazes pour qui la vie aussi est sans prix, mais dans le sens exactement inverse : elle ne vaut rien ! Pour nous, c'est tout le contraire. Elle n'a pas de prix.

Alphonse : Tout à l'heure, nous disions qu'on ne sait pas ce qu'est l'amour et ce qu'est aimer. Là, vous venez d'évoquer votre expérience personnelle, cela voulait dire quoi ? Qu'est-ce que c'était pour vous cette sensation d'être aimé par Jésus ?

Jean-Marie : Je pense que la pire chose qui puisse arriver à un être humain, c'est de ne pas être aimé, ou pire encore, de ne pas pouvoir aimer... C'est terrible de perdre un être cher, mais ne pas être aimé, c'est pire encore. Donc à l'inverse, être aimé est ce qu'il y a de meilleur. Se sentir aimé est très important. Je ne sais pas s'il est possible d'aimer si on ne se sent pas aimé. J'aurais tendance à croire que c'est très difficile.

Alphonse : Vous parlez de sensation, ce sentiment d'être aimé, pouvez-vous être plus précis ? Qu'est-ce que cela donne ?

Jean-Marie : Un environnement chaleureux. Cela donne cette joie de vivre dans un environnement chaleureux. Cela donne aussi bien sûr des devoirs par rapport à cet environnement chaleureux ; il faut respecter la personnalité de chacun, le prendre comme il est. C'est à partir des différences que doit se créer l'harmonie, le partage. Ce qui n'est certes pas toujours facile et en tout cas jamais acquis.

Alphonse : Pour aller à la Source qui se trouve derrière tout, je dirais que Dieu seul est Amour et que se sentir aimé, c'est la transparence de Dieu en soi. La sensation du Divin est alors celle d'une Présence forte, dont les fruits sont toujours un débordement de joie et de paix profond. L'Amour ne se réduit pas à un sentiment, il saisit tout l'homme et lui donne un visage. L'amour seul permet d'envisager l'autre et de contempler cet abîme de mystère qui réside aussi en lui. C'est d'abord l'échange de cette Lumière et de cette Joie réciproque qui fait la richesse d'un vrai partage. Une phrase du philosophe Gabriel Marcel m'a toujours frappé par sa justesse : « Dire à l'autre : "je t'aime" signifie : "Tu ne meurs plus." » Le Christ a dit : « Je suis la vie », pour moi, c'est la même parole. Aimer, vivre, être dans une ambiance où on ressent cette Présence, parce que l'on dit d'une présence qu'elle est chaleureuse, on trouve là justement ce que le Christ a voulu nous faire comprendre : cette conscience de sa Présence à travers tout. Vivre c'est la même question qu'aimer. Qu'est-ce qu'aimer ? Qu'est-ce que vivre ?

Jean-Marie : Comme dit Penda, ma chère Africaine : « Jean-Marie, tout change tout le temps. » Et c'est vrai, tout change tout le temps. Impossible de vivre bien ficelé dans une situation définitive bien au chaud et loin des tourments. Vivre, c'est être ouvert à cette première idée que l'on n'est pas maître de la vie. J'ai connu une personne fort sûre d'elle qui se disait maître absolu de sa vie ; or la vie l'a cassée, broyée, laminée ! Moi, j'ai été passablement limé, je suis devenu plus souple. Et dans cette approche disons souple et adaptative de la vie, où la vie s'épouse mais ne se domine pas, je crois avoir été aidé par la pensée de Krishnamurti et surtout de Dürckheim.

Alphonse : La vie s'offre et on l'accueille... Si quelqu'un organise la vie, elle lui échappe. La loi de la vie, c'est le changement et notre liberté ne s'épanouit en joie qu'en étant accordée à ce processus. La peur nous fait toujours fuir cette réalité ou la regarder du dehors. Mais si l'on devient un avec elle, si on entre dedans et qu'on est soi-même ce mystère, c'est Dieu qui vient à notre rencontre. L'avenir, c'est toujours l'avènement de Dieu. L'Évangile nous l'apprend, et nous pourrions chanter à chaque instant, pour nous délivrer de toute peur et nous accorder au chant du monde : « Béni soit Celui qui vient au nom du Seigneur ! » Il n'y a rien de plus puissant pour épouser la vie au lieu de l'organiser...

Jean-Marie : Chacun organise sa vie, naturellement. On prend tous d'innombrables dispositions pour que tout aille bien, chacun recherche la sécurité. Mais si l'on a un tant soit peu de lucidité, on sait très bien qu'on n'est maître de rien. J'entends dire : « Je n'ai plus que deux ans avant ma retraite. » Puis, viennent d'innombrables projets : voyager, surfer sur Internet, faire du jardinage, que sais-je. Tout cela est parfaitement raisonnable. Et puis le moment venu, cela se passe autrement. Vient une épreuve inattendue... L'inattendu ! Eh bien moi, dans mon travail, dans mes projets, j'attends... l'inattendu. Tel projet bien ficelé échoue... un autre émerge et réussit. Il y a une sorte d'esprit d'accueil, une certaine liberté intérieure qui fait accepter que la vie est plus grande que nous. C'est pourquoi tout le système de domination de la vie et de la nature que nous mettons en place aujourd'hui me choque jusque dans mes racines. Vouloir que les animaux, voire les humains soient exactement comme on les veut en les clonant, que les plantes « OGMisées » soient en quelque sorte des plantes parfaites, est une utopie. Toujours la vie résiste, elle est autonome. Elle se laisse apprivoiser mais pas dominer.

Alphonse : La vie est. L'attitude juste consiste à s'ouvrir à elle et à l'accueillir, à se laisser surprendre, à entrer dans un regard contemplatif plutôt que figé.

Rachel : Qu'est-ce que vous mettez, dans votre expérience de vie, sous le mot « liberté » ? On entend toujours : « Moi, je suis libre, enfin je fais ce que je veux. »

Jean-Marie : Ça n'est pas du tout ce que je pense. D'abord parce qu'il y a les autres. Ça veut dire quoi « moi je fais ce que je veux » ? Et si cela empiétait gravement sur la liberté des autres ? Or par les rencontres, les autres enrichissent notre vie. Dans la réalité, les choses se présentent tout autrement. Les événements nous interpellent, des opportunités se présentent, des rencontres nous enrichissent, telle lecture nous marque profondément... Tout cela on l'accueille et cela devient ce bouquet dont nous avons déjà parlé au début. Avec toutes ces fleurs, la vie fleurit. Et on hume son parfum. Mais on ne peut pas décider comment tout va se passer dans les dix ans qui viennent. Pourtant cette impression prévaut chez beaucoup : « J'ai acquis ma liberté, je fais ce qui me plaît. » Cette manière de penser m'est étrangère. Certes, moi aussi je fais souvent ce qui me plaît, mais en tenant compte des autres et en évitant de trop faire ce qui leur déplaît !

Alphonse : La liberté, c'est un chemin, un devenir, un engendrement long, progressif, à l'écoute et à l'accueil de la vie. Je crois que là se trouve la véritable alliance entre Dieu et l'homme, parce que c'est toujours Lui qui est en train d'advenir et si on planifie l'avenir, on met la main sur quelque chose qui ne nous appartient pas. C'est une usurpation. La vie appartient à Dieu seul, Il vient nous l'offrir.

Jean-Marie : De sorte que tout ce qu'on croit aujourd'hui impossible en fait ne l'est pas. Je pense à une citation de Massignon disant : « Dieu est le maître de l'impossible. » Naturellement, on a toujours à l'esprit l'idée que si telle ou telle situation survenait, ce serait impossible : On se dit : « Je ne pourrais pas vivre ça. » En réalité, ce n'est pas vrai. C'est une illusion. Ce qui peut paraître impossible à un moment donné de la vie, tout d'un coup devient possible à un autre. La vie nous surprend par son incroyable plasticité.

Rachel : On projette ses peurs sur un avenir inconnu. Et quand cet avenir est là, au présent, on n'est plus dans la même réalité.

Jean-Marie : Tout à fait. Ce qui au fond me choque beaucoup dans l'attitude moderne par rapport à la vie, à la nature, c'est cette volonté farouche de chercher à tout organiser et manipuler... Je songe à une émission récente sur le thème : « Quoi faire lorsqu'on ne peut avoir d'enfants ? » Un long débat entre d'éminents spécialistes, médecins, gynécologues, psychologues, psychiatres, sociologues, etc. On a tourné et retourné dans tous les sens ce problème biologique : quoi faire, quand la nature résiste obstinément ? Il a été naturellement question du clonage : et finalement pourquoi pas ? dirent certains. Le débat a duré une heure et demie. Personne n'a eu l'idée de dire : « Il faudrait peut-être qu'on adopte un enfant. » Il y a des millions d'enfants abandonnés de par le monde mais cette idée, ce soir-là, n'est venue à l'esprit de personne. Cela m'a profondément choqué.

Non, il faut à tout prix bricoler la nature pour qu'elle soit exactement comme on voudrait qu'elle soit, mais pas question de l'accueillir comme elle est. Certes, il faut contrer la maladie, développer la recherche pour vaincre les grands fléaux. Qui le nierait ? Je ne suis pas de ceux qui demandent une réduction des crédits de recherche, même si on pourrait parfois plus judicieusement les affecter. Mais ici, ça n'est pas de cela qu'il s'agit.

La biologie moderne est tout entière engagée sur le thème : la vie désormais nous la tenons. Avec l'ADN et le gène nous en avons percé l'ultime secret. Il est possible désormais de la manipuler à notre guise. De ce point de vue le discours de la biologie moléculaire est d'une arrogance terrible. Tout cela était déjà exprimé dans le livre de Jacques Monod, *Le hasard et la nécessité*, dont nous avons parlé. La vie s'apparente alors à un Meccano, dont on pourrait agencer les pièces à volonté. Elle perd toute son autonomie, et tout son mystère. Elle n'est plus que matière : une matière docile qu'on force à accepter un gène étranger dans son génome... Mais *in fine*, c'est quand même elle qui choisit : le gène étranger entre ou n'entre pas, s'exprime ou non. Elle finit toujours par avoir le dernier mot.

Pour revenir aux plantes, quand on réalise une hybridation, on croise deux plantes appartenant à des espèces différentes mais affines : elles décident alors de faire des bébés ou non. Et personne n'y change rien. C'est la nature. Ça marche ou ça ne marche pas. Mais vouloir à tout prix forcer la nature, cette attitude de domination de la vie, y compris de sa propre vie dont on se dit maître et qu'on prétend régenter selon notre seul bon vouloir, je n'y crois pas. Une telle attitude si fréquente aujourd'hui se fonde sur une erreur de raisonnement et plus précisément de jugement.

Alphonse : La domination est proprement satanique. Elle est montrée de cette façon-là dans la Bible depuis les origines. C'est une des trois tentations du Serpent à Adam et Ève, et une des trois tentations de Satan au Christ dans le désert. Elle fait partie des trois dominantes qui hantent l'homme depuis l'origine : la jouissance, « Fais de ces pierres des pains » ; la domination, « Jette-toi du haut de ce mur » ; et la possession, « Je te donnerai tous ces royaumes ». En fait, Dieu crée l'homme dans la triple béatitude : jouir, pouvoir et posséder avec Lui. Vivre cette réalité avec Dieu signifie pour l'homme la plénitude, le paradis. La vivre sans Dieu est au contraire la triple détresse bien connue : la mort, l'absurdité et la solitude. Ce sont les composantes de l'enfer au quotidien, devenu proprement satanique...

Jean-Marie : Jamais cela n'a été aussi loin qu'actuellement !

Alphonse : C'est parce que aujourd'hui on dispose de moyens inconnus autrefois...

Jean-Marie : Exact ! En biologie, cette volonté de domination est aujourd'hui sans limite, sans réserve et sans mesure. On est de ce point de vue effectivement dans une période qu'on pourrait dire luciférienne ou faustienne. Et les comités d'éthique qui émergent ici ou là n'y peuvent pas grand-chose.

Rachel : Être dieu sans Dieu.

Jean-Marie : Prométhéen. C'est un formidable défi lancé à la vie. Face à nos technologies ultrasophistiquées, affirmant le primat de l'esprit humain et de la main de l'homme, la vie n'a plus qu'à bien se tenir, à se « rendre », à s'aplatir. Mais quelle sera sa réponse à ce défi ? Y aura-t-il un coût à payer pour les générations futures ? Allons-nous imprudemment engendrer de nouvelles maladies ? C'est un des risques du bricolage génétique lorsqu'il n'a plus aucune limite éthique.

Rachel : On ne perçoit pas assez cela ; on entre dans le jeu de Satan, mais lui, il n'a qu'une seule intention, c'est de couler l'homme, c'est de le faire chuter. Alors, on voit bien derrière tout ce que vous relevez la non-écoute de la vie. On ne l'écoute pas. On ne l'accueille pas. On n'est pas ouvert à elle dans son intention profonde. Au lieu d'une attitude contemplative, c'est un instinct bestial d'appropriation, de manipulation, etc.

Jean-Marie : Nous voici arrivés aux racines profondes du combat que je mène actuellement, avec beaucoup d'autres scientifiques de renom et toutes les sensibilités écologiques qui représentent une large fraction de la population. Et l'objection pointe immédiatement : nous serions contre le progrès, contre la science, des obscurantistes pour tout dire qui rêvent de s'éclairer à la bougie parce qu'ils remettent en cause les bienfaits de la science. Tout cela, en ce qui me concerne, est pure affabulation. J'ai consacré une bonne partie de ma vie à la science. Je crois au progrès scientifique. Mais c'est sur ce mot progrès qu'il faut s'entendre. Créer des mondes virtuels dans lesquels des ados à l'esprit peu structuré s'égarent et se perdent, ce n'est pas le progrès tel que je le conçois.

Mais faire progresser la médecine pour soulager la souffrance humaine, y compris celle des plus pauvres – ces Africains qui meurent par millions du sida –, voilà le vrai progrès.

Alphonse : Une des raisons que je vois, c'est justement ce qu'on a dit tout à l'heure : la vie, on ne sait pas ce que c'est, donc, on se l'approprie, pour la prendre sous la loupe et en faire ce qu'on veut. Mais si la vie, c'était vraiment le Christ, cela changerait tout, ce serait une Présence avec laquelle j'entre en relation. La nature est une manifestation, une épiphanie, c'est une Bible ouverte, les Pères l'ont toujours dit. La nature est une parole qui vient de la bouche de Dieu et qui m'invite à entrer en alliance nuptiale avec elle. Donc, la vie est une présence personnelle, c'est Quelqu'un. Je ne peux pas la traiter de n'importe quelle façon ! On voit là à quel point l'homme est devenu athée au sens le plus fort du mot, quel éloignement devant la réalité fondamentale !

Comment est reçue votre réaction violente dans les différents milieux, violence de l'amour et de l'indignation ?

Jean-Marie : Oui, je suis violent, profondément indigné. Certes, je ne casse rien. Mais j'en appelle solennellement au respect de la vie. Je lutte contre la marchandisation de la vie, le brevetage du vivant. Les Indiens d'Amérique, ces peuples premiers, auraient beaucoup à nous apprendre à ce sujet. A bien des égards, je suis comme eux. Mais on les massacre.

Mon jardin secret

Rachel : Les milieux auxquels vous parlez ainsi à cœur ouvert, comment reçoivent-ils votre message ?

Jean-Marie : Si je parle ainsi en conférences, mettons devant trois cents ou cinq cents personnes, cela passe comme une lettre à la poste, parce qu'au niveau du ressenti une grande majorité des personnes ont cette sensibilité. La modernité technologique n'est pas encore parvenue à faire de nous des robots, des machines. Dans le monde scientifique, c'est autre chose. Si j'entretiens d'excellentes relations avec un grand nombre de collègues, d'autres me tiennent en grave suspicion d'obscurantisme comme je le disais tout à l'heure. La science a son langage souvent abscons pour le commun des mortels. Mon charisme semble être de parvenir à le vulgariser, de tenter de faire comprendre des concepts subtils dans un langage simple et accessible à tous. Cela, certains scientifiques ne me le pardonnent pas. Un scientifique qui vulgarise trahit quelque part les codes du clan et de ce fait est suspect.

Il n'est pas exagéré de dire qu'aujourd'hui la science est en crise. Pour beaucoup elle est la religion des temps modernes qui congédie tous les obscurantismes ou les animismes, comme disait Jacques Monod. Entendez par là les croyances et les religions. C'est cela le scientisme. Pourquoi un Dieu puisque la science est là, tellement plus efficace, plus performante que toutes ces vieilles lunes héritées du passé ? La science nous projette dans l'avenir qu'elle nous annonce meilleur. Ce ne sont plus désormais les idéologies philosophiques ou politiques qui nous promettent des lendemains qui chantent, mais la science. Elle va nous permettre enfin de vaincre les maux et les fléaux qui frappent l'humanité depuis les origines. Et qui sait peut-être, demain, nous offrir ce bien suprême : l'immortalité. La vieille nature sera alors vaincue et Prométhée aura gagné.

Et tout cela doit aller au plus vite car les impératifs économiques sont là qui pressent. On subventionnera la science et les chercheurs, mais à condition que leurs découvertes se traduisent aussitôt par la mise sur le marché de nouveaux produits. Car la science doit stimuler l'économie, la croissance ; l'innovation est créatrice de richesses et ainsi, de progrès en progrès, le monde va d'un pas ferme vers ces fameux lendemains qui chantent.

Malheureusement, une telle démarche linéaire est complètement étrangère au mouvement de la vie. La science elle-même est contrainte, périodiquement, de remettre en question ses postulats et ses paradigmes comme on l'a vu par exemple avec l'émergence de la physique quantique. Loin de moi l'idée de mettre en cause la science, en tant qu'elle exprime la soif de connaissance si prégnante au cœur de l'homme. Et loin de moi l'idée de nier ses apports évidents, en matière de santé par exemple, mais aussi en matière de communication. Mais c'est son asservissement à l'économie que je conteste. Je voudrais une science libre, autonome ; une économie équilibrée, régulée, maîtrisée où l'emploi serait enfin découplé de la croissance et qui prendrait en compte et valoriserait les biens immatériels, non quantifiables : la beauté, la gratuité, le bénévolat, la spiritualité, etc.

Rachel : On vous sent très à l'écoute des courants et des débats qui traversent notre société. Dans notre travail, l'écoute et le silence sont liés. Il n'y a pas d'écoute si le « moi », si l'ego ne fait pas silence. Il ne peut pas y avoir d'écoute, puisque l'ego est bavard et ne fait que parler. Je ne peux écouter que si je fais silence. Dans votre vie, est-ce qu'on peut vous demander quelle est la place du silence, donc de l'écoute ?

Jean-Marie : Le silence est lié à l'apaisement que produit la nature. Il me saisit chaque soir quand je rentre à la maison. La forte odeur des sapins, le calme du jardin, l'odeur de l'herbe humide, le ciel avec ou sans étoiles et aussitôt le silence se fait à l'air stimulant de la campagne.

Je le trouve aussi quand je rentre dans une église ; l'agitation du mental s'apaise aussitôt. On retrouve de nouveau les piliers sur lesquels nous nous appuyons depuis le début : le contact avec le mystère et le contact avec la création. Le cosmos me fascine. Quand je vois le ciel étoilé, par exemple... J'ai toujours aimé le ciel, j'observe les constellations. Je suis très sensible au ciel ouvert, sans nuage, à tout ce qui est ouvert. Je fuis l'enfermement. Quand la voûte étoilée est tendue comme un voile immense d'un bout à l'autre de l'horizon, je prie.

Alphonse : La nature est une Bible ouverte, on dit cela déjà depuis saint Augustin, Dieu nous parle en direct à travers elle, et cette Bible qu'est la nature est aussi importante que l'autre qu'on a sur les rayons de sa bibliothèque. Cela a toujours été une conviction de la vieille tradition, et vous, vous l'éprouvez comme cela. Mais est-ce que vous allez quand même de ce silence de la nature au silence de la Parole du Livre, de la Bible comme telle ? Faites-vous ce passage ? Vous rentrez de votre jardin dans votre maison et ensuite vous retrouvez d'autres moments de silence ?

Jean-Marie : Bien plus tard – parce que je suis un couche-tard – quand je rentre dans ma chambre, je me déconnecte des bruits du monde. Alors, j'ai besoin de lire, de prier, de me distancer du quotidien, surtout quand il a été fatigant. Si je ne déconnecte pas un bon moment avant de dormir, c'est catastrophique. Déconnecter c'est ouvrir la Bible au hasard, égrener un chapelet, puis faire silence et partir...

Parfois, je me sens entièrement branché sur ce que vous appelez l'« Au-delà au fond de nous-mêmes ». Et parfois pas du tout. Mais cela ne m'empêche pas de dormir.

Rachel : Donc, vous faites silence...

Jean-Marie : Oui. J'aime aussi avoir un bon livre nourrissant sur le plan spirituel, mais je n'en trouve pas toujours. Souvent, très vite, un livre me rase. Je suis par exemple totalement hermétique aux hautes spéculations théologiques. Je cherche plutôt des maîtres spirituels. Mais qu'à cela ne tienne, si un livre ne m'inspire pas, je laisse tomber.

Alphonse : Quelles sont les lectures qui vous nourrissent vraiment ?

Jean-Marie : Récemment, j'ai lu deux très beaux livres du Père Éloi Leclerc que j'ai évoqué tout à l'heure[6]. L'auteur explique qu'avec Jésus le Royaume s'est rapproché de nous, qu'il est tout proche, à portée de main. Plus qu'émouvant, ce livre m'a bouleversé.

Alphonse : Celui d'Éloi Leclerc qui m'a vraiment ébloui, c'est *Sagesse d'un pauvre* sur saint François d'Assise. Il y montre comment un « cœur pur » se réjouit à plein de ce que Dieu est Dieu, comment il s'extasie devant l'inaltérable splendeur et l'éternelle jeunesse de Dieu et sa joie demeure même au milieu de toutes ses misères. Un tel homme est à la fois dépouillé et comblé, il découvre sa maturité véritable et sa profondeur dans l'acceptation joyeuse de ce qui est, de tout ce qui est.

Jean-Marie : J'ai lu ce livre aussi. Quand je tombe sur des livres comme ceux-là, c'est très bien, mais souvent je tombe à côté. Il y a trop de livres. Pour le chapelet, c'est une sorte de berceuse pour l'âme : je fais surgir l'image et l'ambiance de la grotte de Lourdes : le clapotis de l'eau sur les galets du Gave, le doux murmure de la récitation du rosaire, les pèlerins qui s'égrènent le long de la grotte pour toucher la pierre. On perçoit là cette dimension sacrée qui appartient à toutes les religions.

Alphonse : Oui, cela calme les pensées, le mental, et cela vous met dans la Présence.

Jean-Marie : Je fais ça tous les soirs.

---

6. Éloi Leclerc, *op.cit.*

Rachel : Mais alors, si vous récitez le chapelet, on peut vous demander quelle est la place de Marie dans votre vie ? Le chapelet, dans l'Église de Rome, est surtout lié à Marie : « Salut Marie, pleine de grâce. »

Jean-Marie : Sa place est celle, toute banale, d'une mère. C'est le fils qui n'était pas banal ! Un gamin terrible. A douze ans, il plante ses parents et reste au temple pour enseigner les docteurs. Mais voici que surgit une question : des hommes peuvent-ils vraiment comprendre comment aime une mère ? Certes, ils sont capables de discourir abondamment sur le sujet, parce que les discours, les hommes, ils connaissent. Mais l'amour d'une mère ? Elle avait donc ce terrible gamin qui, à trente ans, s'est mis à parcourir le pays en tous sens. Certes, à cet âge-là ça n'était plus un gamin. Mais il fait tout autrement que prévu : il ne se marie pas, plaque son métier, s'entoure de copains et court la campagne. Il enthousiasme les foules.

Comment a-t-elle vécu cela, cette femme ? Cela m'intrigue. Et quand elle prétend s'en mêler, comme à Cana, il la remet à sa place, mais accède néanmoins à son désir : l'eau est changée en vin. Ce Jésus c'est son gosse et sans doute l'aime-t-elle très fort comme toutes les mamans. J'aurais tellement aimé vivre avec eux, comme le petit saint Jean. Il y aurait alors eu deux petits saint Jean. Le vrai et moi [*rires*]. Quand sur la croix Jésus confie sa mère à Jean, je la reçois comme lui, avec lui. C'est ma famille. J'ai une proximité très grande avec saint Jean, pas parce que c'est mon patron, mais parce que je le ressens très fort dans son affection à Jésus. Autour de Jésus, quand tout va mal, il ne reste que Jean et Marie..., et Jean-Marie. Voilà, me dis-je, ma vraie famille. A l'heure du développement durable, une famille durable, au ciel, aussi proche (peut-être plus proche) que ma famille terrestre. Vous voyez, c'est encore mon côté enfant.

Alphonse : Vous avez les deux prénoms, Jean et Marie.

Jean-Marie : Ah tiens, je n'y avais pas songé. Et je n'en changerais pas pour rien au monde.

Rachel : « Si vous ne redevenez pas comme des petits enfants, vous n'entrerez pas dans le Royaume des Cieux ! »

Jean-Marie : J'ai l'impression que je fais partie de la famille de Jésus. C'est ma famille. Une famille durable.

Alphonse : Vous entrez dans la tribu et acquérez son caractère, car la famille a un esprit : l'esprit de famille... Or Marie est aussi le modèle du disciple. Elle a deux caractères essentiels : la virginité, qui est la focalisation de toutes ses énergies en une seule direction, le Christ ; et cela lui donne le deuxième caractère : la maternité ; elle est porteuse de la vie divine. En spiritualité, virginité et maternité sont paradoxalement inséparables, et cela se comprend en profondeur... Marie est la Mère, le « Refuge », au sens très puissant de ce terme. Auprès d'elle, on a tout...

Jean-Marie : Oui, c'est un peu ce que je ressens. C'est tout ça qui vient le soir. Quand la journée à été fatigante, que j'ai couru à droite à gauche, alors le soir je retrouve la famille du ciel.

Alphonse : Ce côté enfant, il laisse supposer quand même une certaine joie intérieure, un certain enthousiasme, on le sent chez vous, jusqu'à l'émerveillement, non ? Vous avez un cœur en fête ?

Jean-Marie : Oh oui, en fête. Au quotidien, cela donne : j'arrive à l'Institut et ma fidèle collaboratrice, Colette, me dit : « Il y a telle association qui voudrait que vous leur fassiez ceci, et puis celui-ci veut ça et ceux-là une conférence, et ceux-là encore une participation à un colloque... » Elle me donne toute la liste des numéros de téléphone que je prends les uns après les autres. Je suis joyeux. Hélas, je dis « oui » à tout le monde. Après, j'ai un travail épouvantable et je me dis : « Imbécile, tu n'avais pas besoin de dire oui. Tu n'avais qu'à dire que tu n'avais pas le temps. » J'ai dit oui parce que c'était chaleureux, amical, qu'il fallait bien faire cet article sur la biodiversité, cet autre sur la pollution, et cet autre encore sur les OGM. Sans oublier une préface pour tel livre ! Je fais cela avec une certaine allégresse. J'aime les gens, et j'aime leur faire plaisir, voilà. Certes, il y a les coups de pompe. Mais je les remonte généralement assez vite.

Alphonse : Chez vous l'humour, le rire, sont toujours présents. En quelque sorte, votre soirée de prière se prolonge dans cette façon joyeuse d'actions de grâce sur la journée écoulée et déjà celle du lendemain...

Rachel : Oui, j'ai constaté que vous avez beaucoup d'humour, mais vous n'avez pas d'humour moqueur. Souvent humour et moquerie sont confondus.

Jean-Marie : S'il est une chose dont j'ai horreur, c'est bien la dérision. Le côté franchouillard où l'on fait carrière à la radio et à la télé en se moquant du matin au soir de tout le monde, m'agace fort. C'est une véritable industrialisation de la dérision. Moi, je suis pour le fou du roi, pour l'imitateur de cabaret, pour le comique hilarant. Mais la dérision au quotidien, ah non. Je suis très frappé de l'attitude des jeunes par rapport à la politique. Elle est complètement dévalorisée à leurs yeux. Les Guignols de l'info y sont sans doute pour quelque chose. Une fois ça passe, mais tous les soirs ! L'humour devient vite grinçant et ça finit par ne plus être drôle de se moquer des gens tout le temps. Et puis il y a cette manière de donner des leçons quand on n'a aucune responsabilité...

Partager le destin du Christ

Alphonse : Qu'est-ce qui vous empêche le plus, Jean-Marie, de vivre en Christ, de l'approcher ? Qu'est-ce qui s'interpose entre vous et le Christ et qui serait un obstacle ?

Jean-Marie : Mes défauts naturellement.

Alphonse : On voit dans l'Évangile une scène formidable où les fils de Zébédée laissent leurs filets, leur bateau, tout, pour suivre Jésus. Est-ce que vous feriez cela, vous ?

Jean-Marie : Dans ce genre de situation, on ne peut jamais dire ce qu'on aurait fait. Ce serait prétentieux de dire : oui, je l'aurais suivi. Mais peut-être que non. Peut-être aurais-je été trop attaché à mes sécurités, à ma famille, ma maison, mon métier, mes amis.

Rachel : Alphonse, si j'étais Jean-Marie, je retournerais la question et je dirais : « Qu'est-ce que cela veut dire Le suivre ? »

Alphonse : Ce qu'on a dit tout à l'heure. On peut reprendre la question dans une autre formulation : « Est-ce que le Christ est ce qui me mobilise fondamentalement le plus ? Est-ce qu'Il est le centre de ma vie ? Est-ce qu'Il est mon Orient, mon orientation, mon émanation profonde et que tout ce que je fais, tout ce à quoi je tiens, je le fais converger vers Lui ? »

Jean-Marie : Je crois que oui. Tout compte fait, peut-être l'aurais-je suivi dans la ferveur de la jeunesse. Quand j'étais étudiant, dans les réunions électorales, je faisais trembler les adversaires parce que j'avais des élans extraordinaires, l'enthousiasme et la foi de la jeunesse. Quand je montais à la tribune, ils perdaient leurs moyens. Puis le discours fini, on se saluait très sportivement. Ce même élan m'aurait-il poussé vers Jésus ? Lui seul le sait.

Rachel : Les saints ne sont pas des gens parfaits. Ce sont des gens en éternel retournement, transformation, ça, c'est la sainteté. Quand on lit les vies de saints, on voit très bien qu'eux aussi sont des enfants blessés, comme toute l'humanité. Il y a toujours l'âme qui se rebelle. Ce n'est jamais fini. On prend conscience, quand on suit les saints, que c'est une éternelle transformation, et non pas quelque chose qui est acquis. Vous êtes d'accord ?

Jean-Marie : Entièrement.

Alphonse : Qu'est-ce qu'un saint pour vous ?

Jean-Marie : Ah ! Ils sont si extraordinairement différents les uns des autres. Ils étaient des modèles, pour les générations qui nous ont précédés. On les imitait et on les vénérait. Je pense à ma cousine, Henriette, une sainte qui ne sera jamais canonisée. Et pourtant c'était une sainte parce qu'elle dégageait une qualité d'amour extraordinaire. Disponibilité absolue, indulgence et miséricorde, jamais une parole désobligeante sur quiconque, un dévouement sans limite... et beaucoup d'épreuves ; morte il y a dix ans et, hormis Robert Schuman dont nous avons parlé, c'est bien la seule personne que j'ai connue dont je donnerais ma tête à couper qu'elle fut une sainte. Lorsque je travaillais tard au labo à Nancy pour ma thèse et que je rentrais à Metz par le dernier train et que naturellement je n'avais pas fait mes courses, Henriette m'attendait pour préparer le souper. On pouvait sonner à sa porte nuit et jour, elle était toujours là, accueillante et souriante. Elle allait à la messe tous les jours et elle priait beaucoup.

Alphonse : Le saint serait pour vous l'homme en voie d'accomplissement ? Quelqu'un qui sait vivre pleinement, apprécier la vie, connaître la joie profonde à travers même la souffrance ?

Jean-Marie : Le saint c'est aussi quelqu'un qui rencontre des épreuves. Dans les deux cas évoqués, les fins de vie furent difficiles, avec des abandons et des rejets cruels. Pour les saints, la vie n'est pas un long fleuve tranquille... pour les autres non plus d'ailleurs.

Alphonse : Comment expliquez-vous cela ? Est-ce un passage obligé ? Pourquoi cette collusion entre sainteté et épreuve, souffrance et échec à la fin de la vie ?

Jean-Marie : Il se trouve que j'ai vécu cela à travers ces deux personnes. Ce n'est pas forcément généralisable, mais il y a quand même beaucoup d'épreuves dans les chemins de sainteté. Quand on lit les vies de saints, on voit que la plupart ont eu des épreuves très lourdes à endurer, qu'ils se sont heurtés à des fermetures, des refus, des rejets. Des portes se sont fermées sur eux, comme pour ce malheureux Benoît Labre, rejeté par six couvents dont aucune ne voulut de lui.

Alphonse : Souvent abandonnés par les leurs, ils sont même rejetés dans leur propre milieu...

Rachel : Comme le Christ, « prends ta croix et suis-moi ». On ne peut pas monter sans descendre. On ne peut pas vivre en réalité sans mourir. C'est cela la réalité qu'il y a là-dessous. Le Christ nous l'a montré. Il ne l'a pas seulement montré, Il l'a vécu.

Jean-Marie : Le Christ a été rejeté par les siens, condamné par les représentants officiels de la religion, abandonné par ses compagnons. Schuman s'est senti violemment rejeté par de Gaulle, qui le déposséda de toute autorité dans la conduite des affaires européennes. Il ne s'en est jamais remis. Ma cousine Henriette a été rejetée par sa meilleure amie sur le tard. Ce fut très dur pour elle. Je l'ai vue souvent pleurer.

Alphonse : On a comme l'impression que le Christ veut nous assimiler à sa propre destinée pour lui devenir semblable, pour faire cette traversée en Lui vers Sa

Résurrection ; c'est une plénitude de vie qu'on ne peut acquérir autrement. Vécue en Christ, toute épreuve devient initiatique, elle nous initie à Sa propre expérience.

Jean-Marie : Ah oui, mais s'il n'y a pas la Résurrection au bout, cela ne marche pas !

Rachel : Oui, la mort du Christ est alors inutile. Notre souffrance aussi...

Jean-Marie : Tout est inutile à ce moment-là.

Alphonse : Ces saints, ces personnes que vous avez connues étaient-ils tristes, malheureuses dans leur souffrance ?

Jean-Marie : Oui, malheureuses, je les ai vues pleurer ; mais la bonté restait la même, cela ne produisait aucun durcissement, aucune rébellion. C'était toujours la même qualité d'écoute, d'accueil, le même fond bienveillant. Tout au plus pourrais-je dire que leur souffrance me les rendait plus proches. Dans leur peine, je les aimais davantage.

Alphonse : C'est comme si le saint avait percé un mur vers une réalité qui échappe à nous autres. Il est dans une nouvelle dimension, un univers de liberté qui lui est propre.

Jean-Marie : Non, je ne dirais pas ça... Je pense que ce sont des gens qui souffrent comme tout le monde, pour qui la souffrance fait autant de mal qu'à chacun de nous. Personne ne peut dire : « Moi, la souffrance, je suis passé dessus. » Je trouve que la souffrance est un mal, un mal contre lequel il faut lutter ; qui ne prend de l'aspirine s'il a mal à la tête, qui ne se soigne s'il est malade... Je ne suis pas quelqu'un qui aurait l'idée de rechercher la souffrance pour sa valeur rédemptrice. D'ailleurs il est inutile de la rechercher, elle vient toute seule. A un moment donné, si on y est confronté, elle fait toujours mal. La souffrance reste à mes yeux un insondable mystère. Face à une grande souffrance, il ne reste que la croix à contempler car là gît le mystère précisément.

Rachel : Dieu ne nous a pas créés pour souffrir. La souffrance est entrée dans le monde parce que l'homme s'est détourné du désir divin de faire notre bonheur. A cause de ce refus, nous ne pouvons, sur cette terre, échapper à la souffrance. C'est pourquoi, dans son amour infini, le Christ est venu vivre avec nous cette souffrance, pour dire à l'homme : « Si tu me suis, tu sortiras de l'abîme de la souffrance », souffrance dont le plus grand abîme c'est la mort. Comment vous, vous recevez ce « temps de mourir » ?

Jean-Marie : On pense beaucoup à la mort quand on est vieux et beaucoup moins quand on est jeune. Mais on peut rester jeune très longtemps. A la télévision, on a demandé à Sœur Emmanuelle, toujours aussi enthousiaste, si elle se sentait encore jeune malgré ses quatre-vingt-quatorze ans. Elle a répondu : « Oui, je me suis sentie très jeune jusqu'à quatre-vingt-dix ans. Mais maintenant je me sens un peu plus vieille. » Oui, l'âge venant, on pense plus à la mort, on tente de l'accommoder à sa façon, on imagine comment cela devrait se passer pour que cela soit bien. Je pense que la mort, c'est comme l'entrée dans le sommeil. Je meurs comme je m'endors ; c'est ce qu'on ressent en voyant une personne mourir. Ça n'est pas compliqué du tout.

Mais c'est une tout autre chose de mourir dans d'abominables souffrances. Je crois que mourir ce n'est pas difficile, mais souffrir le martyre, c'est terrible. Dans ma vie professionnelle, où j'enseignais la morphine, je n'ai cessé de la recommander pour calmer la douleur. On était à l'époque d'une coupable frilosité, craignant la toxicomanie. Les soins palliatifs n'existaient pas encore. Il a fallu des années pour qu'on finisse par se rendre compte des bienfaits de ce médicament que les médecins de l'Antiquité savaient utiliser pour calmer la souffrance bien avant qu'ils ne sachent soigner les maladies. La médecine a aujourd'hui le clair souci de soulager la souffrance et il est heureux qu'il en soit ainsi.

Rachel : Pour aller plus loin, il y a en Suisse, peut-être en Belgique aussi, des hôtels très chers où l'on pratique l'euthanasie.

Jean-Marie : Il est très difficile d'avoir des réponses tranchées et définitives, dans l'absolu, sur ces questions quand on n'a pas été confronté à la réalité d'une situation particulière. Mais ma réaction première est qu'on retrouve à nouveau cette attitude de domination face à la vie, qu'on en est maître, et par conséquent maître aussi de la détruire. En fait on n'est pas propriétaire de sa vie, ni de sa mort. Mais si on développe vraiment les soins palliatifs et l'allégement des souffrances, le problème ne se pose plus dans les mêmes termes. Il n'y a plus alors ces souffrances épouvantables qui duraient des mois et des mois. On a quand même des perspectives qui rendent les choses plus douces. Certes, il peut y avoir des cas ultimes où aucune soulagement n'est possible : la miséricorde peut nous amener alors à agir de manière pragmatique, selon la loi du moindre mal.

Alphonse : Sur la croix, dans ses atroces souffrances, le Christ a refusé le calmant qui était à l'époque le vinaigre. Il ne l'a pas bu.

Jean-Marie : C'était une boisson amère que l'on donnait aux suppliciés. Elle contenait, croit-on, un calmant, sans doute de l'opium. Il n'a pas voulu de calmant...

Rachel : Si Jésus avait accepté un calmant, Il n'aurait pas été au fond de la souffrance humaine. Il a été jusqu'au bout, puisqu'il est descendu jusqu'aux enfers.

Jean-Marie : Il a été au plus loin, jusqu'à l'extrémité de la souffrance... Je n'avais pas pensé que c'était jusqu'à l'enfer compris...

Rachel : Il est descendu aux enfers, mes enfers...

Jean-Marie : Il a partagé la souffrance humaine jusqu'en ses racines, sans tricher, de sorte que chaque homme souffrant peut se reconnaître en lui quelle que soit l'intensité de la souffrance qu'il éprouve.

Alphonse : Il ne voulait pas mettre de limites en disant « c'est assez », et donc Il est allé au fin fond du possible de la souffrance et de l'enfer. Comme disait Simone Weil :

« Le Christ n'est pas venu enlever la souffrance. Il est venu nous apprendre à la vivre autrement. » Depuis le Christ, Dieu est entré dans la souffrance et dans la mort. L'homme qui épouse sa souffrance, alors qu'il a tout fait pour l'enlever comme vous dites, mais quand elle est là quand même et qu'il l'épouse du dedans, il ne communie pas à la souffrance mais il communie au Christ qui est dedans. En mourant, l'homme ne découvre pas les ténèbres de la mort, mais la lumière que Dieu y a mise avec le Christ. C'est une tout autre perspective. Devant ces réalités, nous continuons toujours à penser comme des païens à propos de la souffrance et de la mort, alors que le Christ a inversé radicalement les données !

Jean-Marie : Je pense qu'on pourrait réduire très considérablement les souffrances. On pourrait nourrir les pauvres et le quart-monde, mieux partager ressources et richesses, vaincre l'abominable tentation de la puissance, de la domination et de la guerre, réduire l'agressivité si grande dans notre espèce. Tout cela est à notre portée : il y faudrait une révolution dans l'éducation et une farouche volonté politique. Eh bien, si l'on y parvenait, par simple hypothèse d'école, subsisterait toujours une souffrance résiduelle liée à notre nature, et pour cela irréductible. Ne serait-ce que la souffrance par exemple de ne pas être aimé par qui on aime.

Alphonse : Pour un vrai disciple du Christ, la souffrance et la mort font partie intégrante du Chemin et deviennent un haut lieu de ce chemin de ressemblance au Christ, de communion, parce qu'Il est entré dedans et qu'Il permet au disciple de participer à son propre destin. C'est cela qui permet aussi de ne pas perdre cette joie intérieure, alors même qu'on peut être dans les pires souffrances. Je l'ai parfois vue chez de très grands malades, cette joie extraordinaire au cœur de souffrances intolérables...

Jean-Marie : Moi j'ai plutôt éprouvé des souffrances sèches où il n'y avait pas de joie du tout. Dans la période épouvantable de mon existence, il y a vingt-cinq ans, il n'y avait pas de joie du tout, simplement une fibre de vie restée robuste.

Alphonse : C'était une souffrance morale ?

Jean-Marie : Oui, une souffrance morale, un sentiment de total abandon. Une souffrance crue. La joie dans la souffrance, il n'y a que les très grands saints qui peuvent éprouver ça... La souffrance, c'est la souffrance.

Alphonse : Je pense justement à celui qui m'a le plus marqué et qui continue à m'accompagner, saint François d'Assise. Je trouve que, ce qui ressort le plus chez lui, c'est à la fois cette extraordinaire souffrance marquée par les stigmates qui le font ressembler au Christ sur la croix et simultanément cette joie folle. C'est François qui a écrit *La joie parfaite*. Il dansait de joie, chantait, c'était un troubadour bien connu. L'alliage des deux, de la souffrance et de la joie, c'est proprement le mystère pascal, la mort et la résurrection. Saint François a vraiment compris le mystère central du Christ et l'a vécu pleinement...

Jean-Marie : Je dirais que ça, ce sont les « super-saints », s'il y a des graduations dans la hiérarchie des saints, saint François, c'est un monument, un monument d'humanité, un des personnages les plus exceptionnels que l'humanité ait engendrés. Renan disait de lui qu'il avait été le seul parfait chrétien depuis Jésus.

Rachel : Les martyrs sont allés au supplice en chantant. Je sais aussi que beaucoup de Juifs sont entrés dans les chambres à gaz en chantant. Je crois que cela dépend de la place que durant toute notre vie on aura donnée à l'Esprit Saint.

Alphonse : Quel est votre saint préféré ?

Jean-Marie : Saint Jean et saint François, depuis tout petit déjà. J'ai été louveteau et les louveteaux avaient François d'Assise pour Patron, de sorte que petit garçon, on a appris à connaître saint François d'Assise qui parlait aux oiseaux et au loup de Gubbio. Je crois que ce serait celui à qui je m'identifie le mieux. Il y a des saints dans lesquels je ne me retrouve pas. Mais je me retrouve très bien avec François d'Assise.

Alphonse : Dans quoi en particulier ?

Jean-Marie : Dans le rapport à la nature et surtout dans cette idée saugrenue qu'il avait que les oiseaux chantaient pour le Bon Dieu. Je ne suis pas un grand théologien. J'ai dit un jour qu'un théologien devait méditer sur les liens entre Dieu et son chien. Mais les théologiens n'ont pas de chiens... et une approche toujours si intellectuelle, si différente de celle de François d'Assise. Je me sens très proche de saint François d'Assise. C'est un des premiers saints que j'ai fréquentés.

Alphonse : C'est le patron des écologistes ?

Jean-Marie : Oui. J'avais l'habitude à l'Institut, quand ça allait mal, de dire : « François, débrouille-toi, il faut faire quelque chose. » Il y avait naturellement Bernadette et Thérèse de Lisieux qui ont bercé mon enfance. Les grands saints catholiques du dernier siècle. Il y a aussi Thérèse d'Avila, admirablement campée dans la biographie de Marcelle Auclair. J'ai adoré ce mélange de femme de tête et de mystique. Mystique, mais aussi intrépide femme d'action que rien ni personne n'arrêtait.

Alphonse : Dans sa vie mystique, il lui arrivait parfois de décoller et de léviter jusqu'au plafond. Alors, on lui a demandé ce qu'elle en pensait. Elle disait : « Ce n'est pas très pratique pour faire la cuisine !... »

L'Église, sainte et prostituée

Alphonse : On a parlé du Christ, des saints, de la vie spirituelle, cela ouvre évidemment sur le problème de l'Église. Je dis « problème » parce que l'Église est devenue un problème. Le Christ a voulu éveiller des disciples, les former et vivre avec eux et en eux ; c'est ce qu'on appelle un saint. Et voilà, qu'à travers les siècles, cette assemblée des disciples (« *Ecclesia* » signifie « Assemblée ») est devenue un appareil sociopolitique qui fait peur à beaucoup de monde. Beaucoup l'ont quittée, les églises se vident de plus en plus. C'est devenu un problème, comment voyez-vous cela ?

Jean-Marie : C'est une préoccupation qui me touche jusqu'au plus profond de mon intimité. Une vraie souffrance de constater que le message de l'Évangile n'est plus vraiment transmis, tout au moins en Europe. Je considère que c'est le devoir de l'Église de se poser cette question : « Pourquoi ne transmettons-nous pas l'Évangile dans le monde actuel ? » Ce n'était pas non plus évident de le transmettre dans le monde romain. Les premières communautés se sont affrontées à ce monstre énorme qu'était ce monde romain. La situation actuelle n'est pas si différente : le message de l'Évangile heurte et se heurte à un monde dont les valeurs lui sont étrangères : la toute-puissance de l'argent, la compétition et l'individualisme, fruits du libéralisme exacerbé, le matérialisme...

Alphonse : Je me fais un peu l'avocat du diable. Vous dites « on ne transmet plus l'Évangile » ; mais le dimanche matin, il y a des messes dans toutes les églises, on prêche partout, il y a des conférences, des cercles bibliques, l'Évangile est prêché partout. Et encore aujourd'hui il y a des saints, des grands spirituels...

Jean-Marie : C'est vrai, et je pense qu'il n'y a jamais eu coïncidence entre l'Évangile et ce que l'Évangile appelle « ce monde ». Un chrétien ça existe ; une société chrétienne, ça n'existe pas. Mais ça, c'est de tout temps, ce n'est pas nouveau. Il n'y avait pas coïncidence entre les valeurs de l'Évangile et celles de l'Empire romain, aucune. A l'époque où l'Église était au pouvoir, il n'y avait pas coïncidence entre l'Évangile et la manière dont on s'y est pris pour faire les croisades, les guerres de religion, l'inquisition, le trafic des indulgences, etc. Les valeurs évangéliques étaient annoncées mais peu pratiquées. Je voudrais évoquer ce que me disait Théodore Monod peu de temps avant sa mort : « Au fond, le problème, c'est que l'Évangile, on ne s'est jamais décidé à l'essayer pour de bon. » Il ne parlait pas au point de vue individuel mais au point de vue collectif. Il avait raison. Ce « pour de bon » m'a plu. On n'a pas essayé pour de bon, car probablement cela marcherait. Ce que les gens voient de l'Église, c'est le pape, hypermédiatisé. L'Église se définit par conformité à ce que dit le pape, même si pour beaucoup on se contente de l'entendre sans trop l'écouter, y compris au sein de l'Église elle-même. J'entends bien ce que dit le pape, mais j'agis selon ma conscience, pensent la plupart. L'Église affiche des principes immuables. Elle ne cesse d'insister dans ses documents officiels sur ce qui est bien et ce qui est mal, ce qui est licite et ce qui ne l'est pas. Mais beaucoup ne se retrouvent pas dans ce discours. Mon amie Penda, exprimant en cela la vieille sagesse africaine, aime dire : « On vit comme on peut, pas comme on veut. » Et chacun de se débrouiller comme il peut avec sa vie, et souvent sa pauvre vie. Le discours officiel de l'Église semble suggérer qu'il n'y a qu'un chemin, droit comme un « i » : on se marie ou on entre en religion. Et là ça doit marcher. Mais si ça ne marche pas, alors on est en rade et le discours de l'Église officielle n'est guère apte à vous sortir d'affaire. Il n'y a pas de session de rattrapage. Comment alors ne pas se sentir jugé, condamné, rejeté ? C'est ce que perçoivent d'innombrables gens qui pour cette raison vivent en marge de l'Église tout en étant croyants. Ce qu'on aimerait entendre davantage, venant du sommet de la hiérarchie, ce sont des paroles d'accueil et de miséricorde.

Rachel : Le Christ a dit : « Que celui qui n'a jamais péché jette la première pierre. » A partir de ce moment-là, l'accueil existe, une transformation est possible, sinon c'est la condamnation.

Jean-Marie : Pour illustrer mon propos, prenons le cas de l'avortement. Un sujet chaud s'il en est. Ma sensibilité de biologiste est heurtée par cette interruption brutale du processus même de la vie. N'ayons pas peur des mots : « On tue la vie en devenir. » Or l'avortement est souvent présenté comme un bien, dans la mesure où il inscrit une nouvelle liberté dans notre droit. C'est à mon sens confondre le bien avec ce qui est en réalité parfois un moindre mal. Il m'a toujours semblé que cet enfant à naître devait être mené à terme, quitte à être adopté si sa mère naturelle ne peut l'élever. Mais l'adoption reste un acte peu valorisé dans notre culture. Reste donc l'avortement. Je me garderai bien de porter des jugements définitifs sur des cas singuliers que je ne connais pas. Sans doute existe-t-il des cas extrêmes où l'avortement peut apparaître comme un moindre mal. Un mal certes, mais un moindre mal. L'Église a reçu du Christ le pouvoir de délier : même dans ce cas de l'avortement, certes grave, il faut savoir délier. Condamner purement et simplement n'est pas une attitude évangélique à mes yeux. Vous direz que par le sacrement de pénitence, de fait, elle délie. Mais quid alors de l'homosexuel vivant en couple, du divorcé remarié et de tous ceux qui, étant en situation irrégulière, sont considérés comme des pécheurs publics ? Aujourd'hui encore, on ne le accueille toujours pas à la table de communion.

L'Église à mes yeux n'use pas suffisamment de son pouvoir que lui confère l'Évangile de délier ce que font plus largement d'autres confessions chrétiennes ; les orthodoxes par exemple pour le divorce. Il y aurait là matière à éviter bien des souffrances.

Rachel : Dans le travail que nous faisons à Béthanie, lors des sessions, il est déjà arrivé que la moitié des femmes aient vécu le drame de l'avortement. Elles sont marquées par la honte et la culpabilité, elles essayent bien de déculpabiliser mais sans succès. La première chose, c'est de ne pas juger, mais d'assumer. Ni culpabiliser, ni déculpabiliser. Demander pardon à son enfant, lui donner un nom. Lui demander pardon et demander pardon à Dieu. A ce moment-là, il y a toujours des résurrections. Nous avons reçu des lettres de mères complètement guéries de ce mal dont on ne guérit pas autrement ! Quand on a reçu le pardon divin, on ne dit plus : « J'ai avorté », mais : « J'ai un enfant au Ciel », et je prie pour cet enfant. Nous avons vu des mères dire à leurs autres enfants : « Vous avez un petit frère ou une petite sœur ou des frères et sœurs au Ciel. » Nous avons vu des femmes âgées de soixante-dix ans dire : « Maintenant, je vais pouvoir mourir en paix. » Le dernier mot, ce n'était plus le crime. Le dernier mot, c'était la joie du pardon divin.

Jean-Marie : La réconciliation. Tout catholique est en permanence en puissance de réconciliation avec son Église à l'égard de laquelle il n'est jamais en règle. Risquons un moment d'humour. Vers dix ans, le petit garçon porte un intérêt soudain à son petit moineau. Il se masturbe. Coupable. A dix-sept ans, il a une copine. Les voilà coupables tous les deux. Et s'il change de copine, ça ne change rien : coupable. Finalement il se marie. Ouf. Mais comme les deux travaillent, ils ne veulent pas d'enfants tout de suite. On va avoir recours à la contraception. Coupable. Et puis finalement le couple décide de faire un bébé : le voici en règle. Mais s'il décide d'en rester là, au moins pour le moment, et revient à la contraception : coupable. Catastrophe : le couple se disloque et l'on va au divorce. Si l'un et l'autre décident de refaire leur vie, comme disent les gens, les choses s'aggravent : les voilà coupables à vie. Coupable à vie on l'est aussi si, étant homo, on vit sa sexualité d'une manière ou d'une autre.

Heureux les tout petits enfants, les veufs et les veuves très âgés, mais aussi les couples héroïques qui s'en tiennent strictement à la discipline imposée. Pris ensemble, les uns et les autres représentent à peine le quart de la population. Tous les autres sont coupables. Je sais bien qu'il y a la confession, mais comme on « rechute » toujours, après...

Finalement beaucoup de gens s'en vont sur la pointe des pieds, sans rien dire, et les jeunes sont ailleurs. Moralité, il y a de moins en moins de monde dans les églises.

Alphonse : Les gens en ont assez d'être culpabilisés, de vivre dans la honte perpétuelle. On confond sans cesse culpabilité, honte et péché. De surcroît, on fait porter à Dieu le jugement et la punition. Donc, ce Dieu sadique, qui ne voit pas la souffrance humaine, il faut le rejeter...

Jean-Marie : Je pense à deux personnes proches de moi. Toutes les deux bonnes chrétiennes ont été abandonnées par leurs maris. La première se plie à la loi de l'Église : elle ne se remarie pas malgré l'occasion qui se présentait. Elle rumine sur l'épreuve qu'elle a subie et concentre une rancœur recuite contre son ex-mari. Trente ans plus tard, car les faits remontent à trente ans, la voici complètement aigrie avec une langue de vipère. Elle a obéi à la loi, mais n'a pas surmonté l'épreuve. C'est un échec. L'autre s'est remariée avec un veuf et le couple a adopté un enfant. Elle a su recréer un couple harmonieux. C'est un succès. Pourtant elle ne peut partager la communion : la voici donc exclue à vie de l'accès aux sacrements. Certes il ne s'agit pas de tirer de ces deux exemples une loi générale. Mais dans ces deux cas que j'ai suivis, les choses se sont passées ainsi.

L'Église, en cela légitime héritière de l'Empire romain, est branchée sur le droit, la norme, la règle, des concepts juridiques, froids, purement intellectuels. Mais les spécialistes de sciences humaines viennent de découvrir qu'il existe aussi une « intelligence émotionnelle[7] ». On le savait

7. Antonio Damasio, *Spinoza avait raison*, Odile Jacob, 2003.

depuis longtemps : c'est l'intelligence du cœur. Il faut redonner du cœur à cette vieille Église percluse de rhumatismes.

Rachel : La voie de la transformation n'est possible que dans l'écoute, l'accueil, la miséricorde, sans cela il est impossible d'entendre l'appel divin, car on confond le psychologique avec le spirituel.

Jean-Marie : On voit des milliers de jeunes applaudir le pape. J'ai rencontré récemment une joyeuse bande d'adolescents cathos revenant des Journées mondiales de la jeunesse... Ils ont tous applaudi le pape, mais ils ont aussi des petites copines. La vie quoi ; ils sont chrétiens et heureux : c'est ce qui m'a frappé.

Alphonse : Oui, alors comme vous dites, ils ne sont pas en règle vis-à-vis du système et ils ont une conscience coupable.

Jean-Marie : Ça n'avait pas l'air de les perturber le moins du monde.

Rachel : Il faut voir aussi, et c'est un grand drame, qu'on a perdu le sens du sacré. Le corps n'est plus sacré, la vie n'est plus sacrée. Les lois n'arrangent rien ! Il faut redonner le sens du sacré.

Jean-Marie : Oui, la banalisation de la sexualité telle que le font certains médias est profondément choquante. La beauté et la dignité de l'amour ne sont pas des valeurs que défend la société. Mais elles sont inhérentes au christianisme. J'y adhère sans réserve.

C'est au niveau du langage que les choses ne vont pas. Par rapport au vécu des situations individuelles dans ce qu'elles ont parfois de tragique et d'inextricable, l'Église doit adopter un autre langage. L'Église hiérarchique j'entends, car sur le terrain, les pasteurs sont proches des gens et les aident à s'en tirer. Mais leur travail est sans cesse remis en cause par les instructions venant d'en haut, et qui, sans surprise, défendent systématiquement les positions les plus intransigeantes. De sorte que les gens en difficulté ne comptent plus sur l'Église. Ils s'en remettent au psy et s'éloignent. Cela se fait subrepticement parce que tout d'un coup, on voit qu'on est en désaccord et donc il y a ce que vous avez appelé la culpabilité. Ici les chiffres parlent : ceux qui s'éloignent sont beaucoup plus nombreux que ceux qui se rapprochent, et les églises se vident. Mais l'intransigeance quant à la morale, non pas tant sur le fond car les grandes lois morales sont immuables, que sur leurs formulations et leurs confrontations aux réalités des situations vécues, entame peu à peu la foi elle-même. Et les gens partent...

Alphonse : Je crois qu'on a réduit le christianisme à une morale et ce qui est devenu premier, ce sont les mœurs au lieu de la présence du Christ. Le christianisme n'est pas une morale, il est ontologique. Cela veut dire que le disciple a un lien profond avec le maître, il est enraciné dans son Être et se reçoit de Lui par filiation, et c'est le tout de sa vie. A partir de là s'ouvre un chemin sur lequel il peut tomber sept fois, comme dit le Christ. Chacun tombe sept fois par jour, même le « juste », c'est-à-dire le saint. Donc, personne n'est « en règle ». Cette compréhension profonde du Christ pour quelqu'un qui tombe et qui se relève, auquel Il donne la main pour le remettre d'aplomb et qui, pas à pas, tout en tombant et en se remettant debout fait son chemin dans la miséricorde, la compréhension, l'amour et la proximité de cet Être qui nous accompagne, cela nous sort complètement de la morale. On ne pose plus la question : « Est-ce que je suis en règle ou pas ? » Je crois qu'il faut renverser les perspectives pour utiliser un autre langage, celui du Christ lui-même.

Jean-Marie : Je suis en complet accord avec cela ; je suis frappé de voir autour de moi combien de gens s'éloignent justement à cause de cette manière moralisante d'exprimer les « choses de la vie » et alors, la foi ne passe plus non plus. C'est un obstacle à la communication de la foi. Le bébé est jeté avec l'eau du bain. Pour ma part, j'ai toujours fait une distinction radicale entre le fond de la foi tel qu'il s'enracine dans les Écritures et le discours moralisateur qui aujourd'hui fait obstacle à la transmission de la foi, tout au moins en Europe où s'affirment les valeurs – car elle en est porteuse aussi – de la modernité.

Alphonse : Il y a évidemment aussi le problème du temps. Deux mille ans d'histoire sur le dos, cela signifie pour l'Église des éloignements du message primitif, des déviances, des infidélités, des inventions et des ajouts qui n'existaient pas. Comment faire aujourd'hui pour enjamber deux mille ans d'histoire et retrouver l'étincelle première du Christ ? Qu'est-ce qu'Il a voulu au fond ? Comment peut-Il aujourd'hui encore nous l'apporter ? Comment en vivre au-delà du poids des institutions ?

Rachel : Personnellement, je ne crois plus au mouvement de masse. J'ai l'espérance et la confiance en de petites communautés où la prière sera assidue, alors le feu pourra reprendre...

Jean-Marie : Actuellement cela prend effectivement ce chemin : les petites communautés fleurissent dans l'Église, mais surtout dans les courants protestants où elles explosent littéralement. Cela évoque pour le biologiste que je suis le discours de l'écologie sur l'évolution et la diversité des espèces. Une approche de la réalité vivante qui s'applique aussi à l'évolution des communautés humaines où sans cesse naissent et se développent ce qu'on pourrait appeler de nouvelles « espèces spirituelles ». Le christianisme fut en son temps une espèce nouvelle née de cette mutation que fut l'émergence du Christ dans l'histoire ; d'autres « espèces spirituelles », si l'on peut se permettre cette expression, s'éteignent sous nos yeux comme le zoroastrisme, la vieille religion de l'Iran, pratiquée encore seulement par quelques milliers de personnes dans la région de Bombay[8]. Ainsi peut-on constater qu'à travers une évolution qui a duré deux mille ans se sont « spécifiées », dans le sens précis du terme, des variétés différentes de christianisme en fonction du

8. On pourra se reporter, pour plus de développements sur l'évolution comparée des espèces et des sociétés humaines, à mon ouvrage *La vie sociale des plantes*, Fayard, 1984.

mouvement des idées, de l'évolution des sensibilités, des aléas de l'histoire, etc., de sorte qu'aujourd'hui il nous paraît extraordinairement divers dans la riche diversité de ses courants et de ses confessions.

Les ruptures qui ont marqué le christianisme au cours de ses deux mille ans d'histoire apparaissent dès lors moins comme des anomalies dramatiques que comme la conséquence des lois immuables de l'évolution appliquées à la marche des choses humaines. Elles sont aussi ce que nous appelions tout à l'heure des « choses de la vie », et doivent donc être reçues comme telles. En poursuivant sur le modèle du raisonnement écologique – et analogique – les diverses variétés de christianisme peuvent être perçues comme une richesse, au même titre que la biodiversité, et c'est bien ainsi que je les vis. Cette richesse commence aujourd'hui à être vécue dans le mouvement œcuménique au sein duquel se développent des rencontres enrichissantes. Chacun se nourrit ainsi des richesses de l'autre. L'orthodoxie, le poumon oriental du christianisme, comme aime le dire le pape, vient équilibrer le poumon occidental, romain, plus centralisé. Et certaines mouvances protestantes apportent un parfum de libéralisme aux composantes catholique et orthodoxe du christianisme.

Ainsi ai-je appris, en participant à de telles rencontres, à apprécier les richesses de l'autre, à sortir du ghetto identitaire où tant de catholiques de plus en plus conservateurs, veulent aujourd'hui à tout prix nous enfermer. Il ne s'agit en aucune manière de renier la foi de mon enfance ; simplement de l'ouvrir largement, car c'est la condition essentielle à l'instauration d'une véritable paix religieuse à travers le monde. On voit trop où mènent les replis identitaires crispés : l'islamisme en donne une illustration tragique. Certes dans le christianisme nous n'en sommes pas là et les courants les plus divers coexistent somme toute en bonne intelligence. C'est cette diversité précisément qu'il faut accepter et qu'il faut défendre.

Certains insistent davantage sur la conformité avec le modèle institutionnel : ils ont besoin d'un strict encadrement, de pratiques sécurisantes et structurantes, d'un mode de vie rigoureux voire quasiment ritualisé. D'autres insisteront davantage sur la conformité avec leur conscience, une conscience qu'il revient à l'Église d'éduquer, d'éclairer, de former, mais aussi de respecter. Entre les deux tendances se dessine le clivage de la modernité. La modernité n'est ni le bien ni la nouvelle vérité révélée ; elle est simplement l'expression de l'état actuel du mouvement des idées en Occident. Le christianisme a su épouser les cultures les plus diverses. Pourquoi donc peine-t-il tant à épouser, osons dire, à christianiser celle-ci ? C'est pour ne pas y parvenir qu'il subit la marginalisation que l'on sait et la désaffectation que l'on constate à son égard, tout au moins en Europe ; et qui me soucie tant quand je vois toute une jeunesse aujourd'hui étrangère au message de l'Évangile.

Rachel : La Bible parle d'un « petit reste ». On ne chantera plus longtemps : « Je suis chrétien, voilà ma gloire ! »

Alphonse : Vous avez parlé, Jean-Marie, de ce chagrin que vous procure l'Église d'aujourd'hui. Mais, dans votre vie personnelle, que représente vraiment l'Église ?

Jean-Marie : Elle est très importante parce qu'elle est le siège d'une petite communauté que je rencontre à la messe et d'une communauté plus large que je rencontre dans les émissions religieuses du dimanche à la télévision. Celle-ci est en sorte le prolongement naturel de ma paroisse à l'échelle de l'Hexagone. J'attache beaucoup d'importance à la messe télévisée. Ce sont mes communautés d'appartenance. Il y a évidemment l'appartenance globale à l'ensemble de l'Église, que j'aime rencontrer à l'occasion de voyages en Afrique ou en Asie où l'on découvre des communautés joyeuses et vivantes. J'aime l'enthousiasme et la joie que respirent les Journées mondiales de la jeunesse. Et j'aime le pape quand il se bat pour la paix, terrain sur lequel l'Église est fermement engagée, comme on le vit à propos de la guerre en Irak. Je suis avec attention l'action de la communauté de Sant Egidio très engagée sur tous ces terrains. J'aime l'enseignement dispensé dans les écoles catholiques, non pas tant pour les cours de catéchisme, mais parce qu'il y règne une paix sociale propice aux études. Et puis il y a surtout l'énorme potentiel de générosité et de dévouement de ces millions de chrétiens anonymes, prêtres et laïcs, répandus de par le monde.

Alphonse : Vous concevez l'Église d'abord comme une expérience, comme une communion, la communion des saints ? Comme une fraternité où on se connaît ?

Jean-Marie : La communion des saints, je ne la ressens pas seulement dans le cadre de mon église. Elle déborde à mes yeux le cadre institutionnel et englobe beaucoup de gens vivants ou morts qui, parce qu'ils sont ou ont été proches du divin font partie de la communion des saints. C'est plus large que les contours juridiques de la structure institutionnelle. Dans cette communion des saints, il y a beaucoup de gens qui sont éloignés de l'Église visible mais qui continuent à prier, ont des questionnements spirituels et mènent une recherche personnelle. Ils font partie aussi de cette communion. J'ai en fait une perception très large de la communion des saints, vécue et ressentie sans trop d'exclusives.

Alphonse : Vous parlez du Corps du Christ. Dans un corps, il y a l'énergie, le sang qui circulent. Au-delà d'une fraternité psychique ou affective, est-ce que vous ressentez aussi que la communauté dont vous faites partie, au-delà de l'humain, se transmet également à la vie divine, à travers même les humains qui sont des frères ?

Jean-Marie : Oui, je perçois les humains comme des frères et dans le sens le plus large. Cela se confirme à travers des rencontres avec des représentants d'autres spiritualités. Je ne me contente pas d'être seulement dans mon église. Par mon travail, je vis ouvert sur le monde profane, les médias en particulier, qui sont évidemment très déchristianisés. Mais je sens que les contours officiels de l'Église que l'on peut par exemple représenter par le nombre de gens allant à la messe le dimanche ne coïncident pas avec le contour réel de ce qu'est la communauté des chrétiens, surtout en France où la religion appartient à la stricte sphère privée et où règne une grande pudeur dans l'expression du sentiment religieux. Entre l'athée militant et le pratiquant régulier, il y a tout un fondu enchaîné où beaucoup de non-pratiquants peuvent se voir appliquer la parole de Jésus : « Qui n'est pas contre nous est pour nous. »

Alphonse : On a souvent comparé l'Église à des cercles concentriques et finalement le dernier des cercles, c'est toute l'humanité. Tout homme est sauvé par le Christ. Personne n'est exclu, mais reste libre et peut s'adjoindre à tout moment...

Jean-Marie : Je suis fondamentalement de cet avis. Tout est affaire de regard. Au sein du christianisme, l'œcuménisme n'est pas seulement un drame de la rupture, ce qu'il est de toute évidence ; mais si on l'approche avec un regard neuf, il est aussi une chance. La beauté de la liturgie orthodoxe nous saisit, la liberté de ton des protestants nous étonne ; on découvre l'autre avec ses richesses, et on s'enrichit à son contact. Et l'on est amené à découvrir, si le regard s'élargit encore, que les lois de la nature, de la vie et de l'esprit sont universelles, que tout est diversité, aussi bien dans le cosmos que dans le monde végétal et animal, y compris les sociétés humaines. Une des grandes richesses de notre temps est cette découverte de la diversité qui substitue à des siècles de jugements et d'exclusions, générateurs de conflits et de guerres, des attitudes d'accueil et de partage. D'un naturel curieux et ouvert, j'ai horreur de tout ce qui est fermé et enfermé. D'où d'ailleurs une certaine claustrophobie... Je n'ai aucun mal à échanger avec un musulman ou un bouddhiste, pour peu qu'ils soient ouverts eux aussi. Et Dieu sait que j'en connais qui le sont ! Je partage leur démarche, leur quête existentielle, les valeurs qui nous sont communes. Je me sens beaucoup plus proche d'eux que de ceux – et ils sont nombreux – pour lesquels le monde c'est la technologie, le marketing, voire même la science et c'est tout. J'en rencontre beaucoup naturellement et me dis par-devers moi : « Tu es vraiment d'un autre monde. » Il m'arrive alors de me sentir étranger avec ces gens dont les valeurs sont tout à fait différentes. Je me sens plus proche d'un croyant quelle que soit sa foi, parce qu'il est ouvert à un plus grand que soi.

Alphonse : Ce point de vue n'est pas beaucoup partagé par les médias. En général, on mettra davantage l'accent sur les différences et ce qui nous sépare...

Jean-Marie : En fait, on n'aborde jamais ce point de vue-là dans les médias, pour la simple raison que les Églises n'y ont pratiquement aucun droit de cité !

Alphonse : Elle est due à quoi, cette absence des Églises dans les médias ?

Jean-Marie : A une certaine méfiance qui prend parfois l'allure d'un règlement de comptes. Pour le catholicisme, cette méfiance tient à l'image que l'Église véhicule encore d'une immixtion directe dans la gestion de la conscience personnelle, et naturellement en matière de sexualité en tout premier lieu. C'est par là, il est vrai, qu'elle détenait son pouvoir sur les personnes, mais ce pouvoir désormais s'estompe, corrodé par la pression de la modernité. Or Jésus ne détenait aucun pouvoir et fut la victime innocente du pouvoir religieux de son temps. Largement dépossédée du pouvoir politique, appelée désormais à éclairer les consciences, mais en respectant leur liberté, la tâche de l'Église se centre aujourd'hui sur sa mission : annoncer l'Évangile. Cette perte de pouvoir peut être une richesse, la chance pour l'Église de se trouver à nouveau en phase, en harmonie avec son fondateur, de vivre sur le plan collectif ce qu'il a vécu dans sa chair : l'esprit de pauvreté.

Comment renaître

Rachel : Vous avez nommé le Créateur de l'Église, Celui qui l'a instituée : le Christ. Il a prononcé ces paroles avant Sa mort : « Qui mange ce pain, qui boit ce vin aura la Vie éternelle et je le ressusciterai le dernier jour. » Qu'est-ce que nous faisons de ces paroles ? Il faut être cohérent : si nous ne mangeons pas le Corps et ne buvons pas le Sang du Christ, nous n'avons pas la vie en nous. Comment comprendre cela ?

Jean-Marie : Je pense que chez les chrétiens en règle générale, et chez les catholiques en particulier, la place de la résurrection est tout à fait insuffisante, si on compare par exemple avec le monde musulman où la vie éternelle est extrêmement présente, et où les représentations d'ailleurs très humanisées du paradis font partie de la vie quotidienne. C'est d'ailleurs un des points forts de l'Islam. Il est significatif que nous ayons un symbole universel : la Croix, et aucun symbole de la résurrection. Les deux devraient aller de pair. On n'a pas inventé un symbole qui soit une croix baignée de la lumière de la résurrection, ou avec un Christ ressuscité en arrière-plan.

Dans le catholicisme de mon enfance, la pédagogie de la rédemption – la croix – l'emportait et de loin sur la célébration de la résurrection. Bien sûr, on va l'évoquer aux messes d'enterrement, un peu comme un lot de consolation qui arriverait sur le tard, parce que là on ne peut plus faire autrement que d'en revenir à l'essentiel. Cette dimension a aussi été occultée quand l'Église a cherché à s'impliquer dans le social, à être active et présente dans la pâte du monde. Pendant une longue période de ma vie, l'Église, c'était la militance dans les mouvements d'Action catholique, dans le champ social. Il fallait s'engager, comme on disait alors. Je me trouvais par rapport à cela quelque peut en porte-à-faux, disons plus spirituel, plus conforme à la formation reçue dans mon enfance et en quelque sorte plus « à droite ».

Aujourd'hui ce n'est plus du tout ça, je sens une Église beaucoup plus identitaire, plus conservatrice, moins conciliaire, par rapport à laquelle je me sens plutôt « à gauche ». J'ai la faiblesse de croire que ça n'est pas moi qui ai vraiment changé, mais plutôt l'air du temps. Je pense me trouver quelque part non loin du point d'équilibre, tenant les deux bouts de la chaîne qui lie entre elles les deux origines de l'homme, comme dit Dürckheim : son origine terrestre et céleste. Entre ce monde et l'autre, je me sens comme un petit frère du ciel et de la terre.

Alphonse : Que veut dire pour vous personnellement ce mot de « résurrection » ? Je suppose que le commun des mortels, quand il entend un mot aussi étrange dans les médias ou du haut d'une chaire, ne sait pas de quoi il s'agit. On ne va pas faire de catéchisme, mais pour vous, puisque vous utilisez ce mot, il correspond à quelle expérience dans votre vie ?

Jean-Marie : La résurrection, c'est à la fois de l'ordre du corps et de l'esprit. De l'ordre du corps, c'est être « désencombré » d'un corps qui a ses petites et ses grandes misères et dans lequel on peut parfois se sentir enfermé lorsque les souffrances et les épreuves sont très lourdes. Dans le pire des cas, le corps est une prison où, comme le disait un philosophe grec, on est comme enchaîné à un cadavre. J'imagine le fameux corps glorieux débarrassé de tout cela. On nous disait au catéchisme qu'il était translucide et subtil. Cela me faisait rêver. Plus besoin d'un train ou d'une voiture pour le transporter !

Mais il y a évidemment aussi ce qu'on appelait au catéchisme, la vision béatifique. Curieusement, cette notion est tout à fait claire pour moi, c'est être baigné, immergé, dans le divin. Une expérience maintes fois éprouvée, des instants privilégiés où l'on se sent tout d'un coup comme aspiré, élevé et immergé dans une joie qui n'est pas de ce monde : emporté par un flux d'amour ineffable. Ce que produit parfois chez moi le très beau grégorien. Beaucoup ont fait cette expérience au moins une fois dans leur vie. Y ont-ils reconnu le divin ? Ou ont-ils eu seulement, comme disent les jeunes, l'impression de planer ? La vision béatifique doit être cela, mais plus durablement, car ces états ne durent pas. Dans ces expériences du divin, il y a une liberté immense et une joie intense, car tout cela est évidemment hors du temps et de l'espace qui délimitent l'horizon terrestre de notre vie. Mais je sens un état de vie en présence de Dieu que l'on peut expérimenter dans sa propre vie comme une annonce, un avant-goût de ce que sera la vie éternelle. Le comble du bonheur. Je me suis longuement exprimé sur ce sujet dans mon livre : *Le jardin de l'âme*[9].

Alphonse : La résurrection, c'est déjà maintenant, l'éternité a déjà commencé pour vous ?

Jean-Marie : A certains moments oui et pas seulement dans ces instants exceptionnels, mais aussi lorsque tout est silence en soi, harmonie. Ce sont des moments assez rares, quand une rencontre est complètement transparente, que cela n'accroche nulle part parce que tout est limpide ; ce peut être en écoutant de la musique. Des moments d'éternité. Des moments courts aussi. Les grands spirituels ont tous dit que dans les grandes expériences mystiques, le méchant s'empresse de faire un croche-pied pour nous faire retomber sur le nez. Je l'ai expérimenté maintes fois. On ne plane jamais longtemps !

Alphonse : C'est une sorte de plénitude de vie ?

Jean-Marie : C'est la perception que la vie peut être plénitude.

Alphonse : En fait, la plénitude, c'est le Christ ressuscité. Il n'y a qu'en Lui que l'homme devient vraiment

9. J.-M. Pelt, *Le jardin de l'âme*, Fayard, 1998.

vivant et peut découvrir la nouveauté absolue. Sa conscience lumineuse illumine notre propre conscience et investit tout notre être, corps-âme-esprit, pour libérer dans nos profondeurs l'énergie de vie, nous arracher aux forces de mort, toujours latentes, à tous nos déterminismes. Vous ne pensez pas qu'on puisse arriver progressivement à ce que cela s'inscrive plus dans la durée, que cela soit moins des moments éphémères ? N'est-ce pas là le but de notre travail sur nous, que cela devienne un état ?

Jean-Marie : Ah, mais il n'y a que les grands saints qui y réussissent ! Moi, je ne suis pas encore parvenu à ce stade...

Alphonse : Mais vous y travaillez ?

Rachel : Il y a une intention vers, quand même...

Jean-Marie : Oui, il y a l'intention mais toutes les époques de la vie ne se ressemblent pas. La vie n'est pas linéaire. Elle est semée d'embûches. Il y a les mauvaises périodes, quand tout va de travers. Je n'ai jamais réussi dans ces cas-là à conserver une joie intérieure. Ça vous donne une idée du chemin qui me reste à parcourir... Plusieurs vies, diraient les bouddhistes !

Alphonse : Comment sortir de cette dualité, d'un côté la souffrance, de l'autre côté la plénitude de vie ? N'y a-t-il pas une possibilité de cohabitation ?

Jean-Marie : Il y a une lente transformation intérieure, une subtile prise de conscience que malgré toutes les apparences contraires, la Providence est là quand même. Certes les choses ne se sont pas toujours goupillées comme on l'aurait souhaité dans le kaléidoscope de la vie. L'essentiel, pendant ces périodes-là, c'est d'apprendre à lâcher prise, à faire la planche. C'est alors la vie qui nous porte, et pas seulement notre propre volonté, comme nous avons l'outrecuidance de le penser en temps ordinaire. On se rend compte soudain qu'on ne maîtrise plus les événements qu'on ne contrôle plus rien. Vient alors cette bizarre impression de flotter, de surfer sur la vague... et de repartir.

Alphonse : Cette transformation dont vous parlez consiste à aller à l'intérieur des choses, des événements, des situations qui, toutes, sont habitées par la Présence. Un événement qui me contrarie, si je le vis de l'intérieur, me permet de rencontrer cette Présence qui est le Christ. A condition que ce soit Lui, ma plénitude de vie, ma joie... Je peux alors le rencontrer là où je suis, quelles que soient les circonstances. L'événement de la résurrection du Christ est au cœur de tout événement et y déploie sa puissance pour celui qui veut l'accueillir...

Jean-Marie : Oui saint homme !

Rachel : C'est Lui qui l'a dit : « Je ne vous abandonnerai jamais, je serai avec vous jusqu'à la fin des temps... »

Jean-Marie : Oui, sainte femme, je le crois et c'est notre chance ! L'imparable joker ! Nous avons nos plans et nous finissons tôt ou tard par découvrir que cela ne se passe pas conformément à ces plans pourtant finement concoctés. On me dit que c'est une expérience que tout le monde fait un jour ou l'autre dans sa vie. Je ne sais pas ce que les autres font comme expérience, mais moi, cela s'est toujours passé comme ça. Jamais cela ne s'est passé exactement comme je l'avais planifié depuis le début de ma vie et jusqu'à ce jour. J'ai peut-être acquis de ce fait une meilleure capacité d'adaptation.

Alphonse : Ne trouvez-vous pas intéressant que vos plans soient bousculés ?

Jean-Marie : Non, j'ai horreur de cela !

Alphonse : Même si vous admettez qu'il y a Quelqu'un d'autre derrière tout événement et qui conduit l'histoire ?

Jean-Marie : Je trouve que ce Quelqu'un d'autre serait encore mieux inspiré s'Il ne bousculait pas mes plans, parce que j'ai une tête de bois, comme les Hébreux de l'Ancien Testament. Une forte tête, et je ne suis sûrement pas le seul dans ce cas. C'est peut-être pour cela que l'Autre se donne sans doute tant de peine pour l'assouplir et la mettre au gabarit.

Alphonse : Mais l'humain n'est pas forcément en conflit avec ce Quelqu'un dont vous parlez ! Cela peut même être le contraire...

Jean-Marie : L'humain aime bien que cela se passe comme il a envie. On n'a pas suffisamment développé une pédagogie de l'abandon à la Providence. En fait, il y a une dialectique subtile entre l'idée du libre arbitre et celle de l'abandon à la Providence. La contradiction n'est qu'apparente et les deux attitudes doivent s'épouser mutuellement.

Alphonse : Cet abandon est universel, on le rencontre dans toutes les traditions spirituelles, et déjà dans le taoïsme. Lao Tsé, ce maître extraordinaire, dit que l'attitude d'abandon fait surgir la sagesse et nous ouvre à une dimension inconnue, au-delà de tout ce que nos plans avaient prévu. Précisément, une vie en plénitude nous est offerte, mais d'une autre manière que ce que l'on avait planifié. Cette attitude d'abandon, de lâcher-prise et d'écoute de ce que la Providence veut de nous, en nous conduisant à travers le dédale des souffrances ou des épreuves, est peut-être une clef...

Jean-Marie : Pas une clef, mais la clef. Cela doit être ce que l'on appelle « mourir à soi-même ». Il y a des événements, des rencontres ou des moments où on arrive à s'oublier à soi-même, parce qu'un proche qui est dans la peine mobilise momentanément toutes vos énergies. L'amour, qui est don à l'autre, postule cette sortie du moi pour entrer dans le nous. Notons qu'on est alors en complète contradiction avec les valeurs du monde actuel qui ne cesse de répéter à longueur de médias qu'il faut satisfaire ses envies, se faire plaisir, penser d'abord à soi, être soi-même, etc., etc. La psychanalyse, la psychologie et les psychothérapeutes rament tous en ce sens. A la limite, on entendra à la télé un philosophe dire que l'autre est un concept irrecevable puisqu'à ses yeux il n'existe pas. C'est en tout cas ce que j'ai entendu récemment !

Alphonse : Vous avez dit tout à l'heure que ces réalités ne sont pas prônées par l'institution en place. Cela veut dire que l'Église ne fait plus son vrai travail ?

Jean-Marie : Je vois deux choses. La première c'est qu'il n'y aura plus de christianisme purement sociologique où les gens vont à la messe par habitude. Les gens n'iront plus à la messe pour aller à la messe. Ou ils n'iront plus à la messe parce que cela ne les intéresse pas du tout, ou bien ils iront parce qu'il y a une vraie motivation qui les pousse à y aller. Du point de vue de l'authenticité de la démarche, c'est un progrès. A partir de là, il doit y avoir de la part de l'Église institutionnelle un questionnement sur le problème de la conscience individuelle et de son rôle dans l'éducation des consciences. L'objectif majeur est de réussir à faire éclore les consciences à la liberté, de donner aux consciences les éclairages qui leur permettent de faire des choix.

Nous sommes ici au cœur du débat sur la modernité, qui suppose un retournement de perspective. Il ne s'agit plus aujourd'hui de brandir la menace du péché mortel avec l'enfer à la clef. Une menace d'ailleurs atténuée de tout temps par la distribution généreuse de l'absolution et l'annonce d'un purgatoire qui représentait en quelque sorte une session de rattrapage. Cette pédagogie a fait son temps ; elle correspondait à une époque où la menace de la punition était au cœur du dispositif. Mais la culture a changé ; à la peur de l'enfer s'est substituée l'adhésion positive des croyants aux valeurs de l'Évangile auxquelles ils adhèrent librement. Il n'y a plus de contrainte : nul n'est tenu de rester dans l'Église pour des raisons sociologiques. Les choix sont le fruit d'une démarche personnelle, exercée en toute liberté. On va vers l'Église ou les Églises, parce qu'on se reconnaît dans les valeurs évangéliques. A l'Église ou aux Églises d'éduquer et de nourrir les consciences, tout en respectant la liberté de choix des fidèles. Ce qui suppose pour l'institution ecclésiale d'exercer elle-même un certain lâcher-prise, de s'en remettre elle aussi à la Providence dont on imagine mal qu'Elle se réjouisse de voir les églises se vider. Au fond, comme chacun de nous, l'Église a elle aussi à parcourir une sorte de chemin initiatique. En perdant les sécurités que lui conférait la gestion directe des consciences, elle perd certes du pouvoir. Mais ce faisant, elle se rapproche du Christ son fondateur qui n'en n'a revendiqué aucun. Il est bon de le dire et de le repéter.

Alphonse : Si là aussi on pense que c'est une certaine Providence qui conduit l'histoire de l'Église, est-ce qu'on ne retrouverait pas ce que le Christ a voulu au départ ? Quelle Église le Christ a-t-il voulue selon vous ?

Jean-Marie : Quand on a deux mille ans, on a des raideurs et des rhumatismes. Après la cure salutaire de Vatican II, l'arthrose s'est petit à petit réinstallée. Le poids de l'âge. Mais il y a aussi en son sein des rejets de sève. Pas morte, la vieille maison ! A partir de là plusieurs scénarios sont possibles. Ou bien les tendances actuelles se renforcent vers une Église identitaire et conservatrice qui imposera aux gens sa manière de penser. Ce sera la victoire de l'ordre sur le mouvement, de la loi et de la lettre sur l'esprit. On vantera l'uniformité, la diversité sera suspecte. L'Église survivra mais comptera peu d'adeptes. Nous aurons une Église pure et dure, confirmant cette tendance à l'ultra-orthodoxie que l'on décèle aujourd'hui dans toutes les religions. Mais une autre évolution est possible. L'Église s'ouvre, dialogue avec la modernité, par un langage que les gens comprennent. Bref, elle épouse la vie. J'ai très envie d'appartenir à une Église que les gens comprennent. Mieux encore, à une Église qui parvient à se faire aimer au-delà de ses frontières.

Mes réflexions sur la diversité me porteraient à croire que ces deux courants majeurs coexisteront au sein de l'Église. A nous de réussir à les articuler dans un profond respect mutuel des uns et des autres. Mais la vocation de l'Église n'est pas de vivre replié dans un bunker assiégé par les courants modernes : elle doit être courageusement et prophétiquement ouverte sur le monde. Il nous faut un concile Vatican III pour mettre tout cela en musique.

Alphonse : J'aime toujours regarder ce qui se passe dans les commencements, dans la genèse des choses. Le Christ a commencé par appeler les apôtres l'un après l'autre par leur nom. Il y avait une relation personnelle. Il a suscité dans cette relation de « je à tu » le disciple. Et dans cette relation est né peu à peu le collège des apôtres. C'était une grande fraternité, bien sûr, mais ce qui prévalait, c'était le disciple, au-delà de toute « religion ». Je suis convaincu que le christianisme n'est pas une religion, mais une relation vivante avec Quelqu'un. Dieu a fait don à l'humanité de son Fils et l'Église consiste à l'accueillir. Le disciple, c'est quelqu'un qui vit dans une relation ouverte et permanente avec son Maître. Il faut, à mon avis, distinguer religion et foi. Cela me paraît très important, qu'en pensez vous ?

Jean-Marie : La foi est une démarche vécue et expérimentée dans une relation intimement personnelle avec Dieu. Les membres d'une communauté ecclésiale sont censés avoir cette foi en commun. Mais nous sommes ici dans le domaine de la liberté de chacun qui va au-delà de l'organisation sociale et structurelle de l'Église. Si tous les membres de la communauté adhèrent à la même foi, chacun l'interprétera et la vivra à sa manière et selon sa sensibilité propre. C'est pour cela que j'ai dit connaître bien des gens vivants sur les marges de l'Église et qui vivent pourtant leur foi dans le Christ. C'est une approche nouvelle, qui n'existait pas auparavant. Ils sont vraiment à la marge mais ont une relation de foi tout à fait authentique. Ce ne sont pas des cas isolés. J'en rencontre souvent. Il y a même ceux qui se nourrissent des Béatitudes, mais n'acceptent pas le dogme. Je pense à mon ami Albert Jacquard, authentiquement baigné dans une relation vivifiante à Jésus. La foi ? Il la cherche. C'est à lui que je pense quand on dit : « Il ne la chercherait pas s'il ne l'avait déjà trouvée ! » Je le lui ai dit et il n'a pas protesté. Et je pense même à André Comte-Sponville qui fait profession d'athéisme, mais aussi pétri de tradition judéo-chrétienne, de fidélité à l'esprit du Christ. Car le rayonnement des évangiles déborde de loin les frontières des Églises.

Alphonse : On a l'impression que cela va en s'accentuant et qu'une certaine déstructuration de l'appareil est une vraie grâce pour cette nouvelle réalité où l'homme se centre en Christ et a une relation vivante de foi avec Lui. Comme dans l'Église des premiers chrétiens, nous retrouverons le primat d'une expérience de feu sur cette vague religiosité ambiante...

Rachel : Est-ce la redécouverte de l'eucharistie et des sacrements, au-delà du ritualisme, qui nous fera entrer dans cette expérience ?

Jean-Marie : C'est une bonne question. Les gens évoqués à l'instant ne participent pas directement à la vie de l'Église. Pour eux les sacrements ne sont plus les véhicules de la foi. Pourtant ils continuent à se dire chrétiens, à prier. L'Église doit s'interroger à propos de l'attitude à adopter à leur égard.

Alphonse : Je crois que l'Église tout entière est un sacrement, le sacrement de la Présence du Christ au sein de l'humanité, don de Dieu, au-delà des récriminations et des blessures, etc. Il faut découvrir l'Église mystique. Dieu, à travers le Christ, s'offre à l'humanité et cela va jusqu'à : « Celui qui mange ma chair et boit mon sang aura la Vie. » Nous sommes tous invités à ce don, à avoir accès à la vie en plénitude. Communier au Christ, c'est participer pleinement à sa Vie et ne plus mourir. Et ceux qui ont le même sang dans les veines, celui du Christ, forment l'Assemblée des nouveau-nés, « la race des dieux », comme l'appelle l'Écriture.

Jean-Marie : Il faut que les gens soient cordialement, amicalement, miséricordieusement accueillis par l'Église, y compris et surtout les brebis perdues. Alors les communautés pourront éclore et fleurir. Mais quand on a pris ses distances avec l'institution pour toutes sortes de raisons – ce peut être tout bêtement, comme disent certains, par manque de temps –, comment y revenir, comment s'insérer dans une communauté ? Là il faut des médiateurs, des passeurs. Ce que je vois avec les jeunes, c'est qu'ils ont besoin de créer leurs propres communautés. Certains m'ont dit : « On n'aime que les messes qu'on organise nous-mêmes. On ne va pas à la messe à la paroisse parce qu'on s'ennuie. » Il faudra trouver pour eux un autre langage. Ces jeunes étaient scouts, tous de parents catholiques, élevés dans la foi catholique, mais ils s'ennuyaient copieusement aux messes s'ils ne les organisaient pas eux-mêmes. Ils faisaient donc leur propre communauté. Selon une expression très à la mode au sein de l'institution « ils faisaient Église » entre eux. Aujourd'hui en Europe, c'est peut-être le seul moyen d'intégrer les jeunes. Notez que je n'aime pas du tout cette expression « faire Église ».

Alphonse : Le mot « liturgie » en français signifie « œuvre commune ». Or la plupart des messes en paroisse, c'est un spectacle qui est représenté par le clergé, le peuple n'est pas concerné, faute d'œuvre commune. Comment faisait-on dans les premiers temps pour que tout le monde participe avec cet enthousiasme que l'on voit dans les Actes des Apôtres ? C'est cela que les jeunes demandent, être participants, mettre la main à la pâte, faire une œuvre ensemble...

Rachel : J'ai vécu cela avec des centaines de jeunes. Ils venaient avec leurs instruments de musique et chantaient des « messes de jazz »... C'était fabuleux et dans une ambiance indescriptible !

Jean-Marie : Nous vivons une période où les évolutions sont très rapides : tout bouge très vite, tout change tout le temps. Pour saisir les tendances émergentes, il faut être souple et adaptatif. Les dinosaures ont disparu, parce que leur gigantisme a rendu leur adaptation impossible. Seuls les petits mammifères ont survécu. L'heure est donc à l'expérimentation, à l'initiative ; je pense à ces nouvelles communautés, souvent très vivantes, très fraternelles. C'est l'Église en devenir. Et à ces rassemblements de jeunes, à Taizé ou ailleurs. L'air du temps est aux pèlerinages. Jamais les chemins de Compostelle n'ont été aussi fréquentés.

Rachel : Pour les jeunes on s'est aussi rendu compte que cela ne tenait pas. Au fur et mesure qu'ils prennent de l'âge, ils prennent du recul. Cela correspond à un âge, à une étape de la vie, c'est l'adolescence et puis...

Jean-Marie : Le passage au stade suivant ne se fait pas.

Rachel : Pas nécessairement en tout cas. La pression sociale étant ce qu'elle est, on n'est à aucun moment à l'abri d'être repris par les forces de « ce monde », si puissantes et si prégnantes. Ce qui a été acquis dans la jeunesse n'est pas acquis pour toute la vie. Le champ du christianisme doit être labouré et cultivé chaque jour, toute la vie durant. L'expérience de la foi et de l'amour est une expérience de tous les jours.

Jean-Marie : La foi et l'amour ! Vaste programme, aurait dit le général de Gaulle ! Mais la foi et l'amour « explosent » difficilement dans les modèles institutionnels structurés et hiérarchisés. Nous avons tous besoin de structures, certes. Mais la foi et l'amour débordent les structures, surtout en des périodes comme celle-ci. La foi et l'amour jaillissent comme une eau vive de l'Écriture, des évangiles en particulier. C'est l'essence même de ce message. Mais l'eau s'écoule et l'essence s'évapore. Il a donc fallu capter ce jaillissement à la source. C'est ce qu'a fait l'Église qui a très tôt coulé le message dans la culture dominante de l'époque. Et la culture de l'époque, c'était le droit romain et la philosophie grecque. Le droit romain a donné le droit canon, le droit de l'Église. La philosophie antique était dominée par le stoïcisme et le platonisme, deux courants de pensée marqués par une forte méfiance par rapport à la « chair », ce qu'ignorait la tradition hébraïque, beaucoup moins dualiste, et qui ne séparait pas l'âme et le corps. Et voilà donc le message de l'Évangile moulé, coulé dans une culture.

Je ne suis absolument pas convaincu que le christianisme ne puisse être vécu que dans les catégories philosophiques de l'Occident. Puisque nous vivons désormais dans un village planétaire, il faut l'ouvrir aux richesses venant d'ailleurs. Imaginons que le Christ ait été Chinois :

le même message, le sien, authentiquement universel, se serait moulé dans le taoïsme : au lieu du permis et du défendu, il y aurait eu le yin et le yang, une philosophie sans doute plus proche de ce que la physique et la biologie modernes nous apprennent de la vie.

L'Européen, l'Africain, le Chinois, l'Indien, tous comprennent spontanément les paraboles. Elles expriment dans un langage simple et universel, peu connoté culturellement, l'essence même du christianisme. Tout le monde comprend l'histoire du bon Samaritain ou celle de la femme adultère. La première exprime le devoir de miséricorde, la seconde la loi du pardon. Nous voilà au cœur même de la révélation, qui en fait prend à rebours le monde romain dont Jésus expérimenta et paya de sa vie la dureté, celle d'une justice froide et cruelle. Mais le christianisme prend aussi à rebours l'orgueilleuse attitude stoïcienne face à la vie. Les Béatitudes inversent les anciennes manières de voir en plaidant pour le faible et non pour le fort. Ce qui était totalement nouveau pour l'Antiquité.

Il faut réfléchir à cet étrange paradoxe : dès son origine, le message de Jésus s'est moulé dans un appareil philosophique et juridique qui au fond le contredisait. Or cet appareil philosophique, d'Aristote à Platon, est le menu quotidien des séminaires où l'on continue à ignorer superbement la physique quantique et la biologie moderne, c'est-à-dire les manières modernes de penser le monde à la lumière des acquis scientifiques les plus récents. D'où ce décalage énorme entre la culture ecclésiastique et la société contemporaine. Ce décalage n'est nullement une fatalité. Il n'anéantit pas le message évangélique que porte l'Église. Simplement il n'en facilite pas la diffusion. Il faut réduire ce décalage, avant que la vie, dans son inéluctable évolution, ne fasse trop de dégâts.

Je vois disparaître à une vitesse surprenante toutes ces congrégations religieuses nées au XIXe siècle et qui accompagnèrent mon enfance : il n'y a plus de sœurs enseignantes dans les écoles, plus de sœurs soignantes dans les hôpitaux. Demain, il n'y aura plus de curés dans les paroisses, et plus de paroisses non plus parce qu'on n'a pas su faire vivre autour de chaque clocher des communautés vivantes, animées par des laïcs ou des diacres, faute d'accepter enfin l'ordination d'hommes mariés. Où donc lit-on dans l'Écriture qu'il faille se cramponner à tout prix à ce que les générations passées ont pensé, quant à l'organisation de la structure ecclésiale ? Pas quant à la révélation, évidemment ; mais quant au fonctionnement de l'Église. L'Occident, dans le droit fil du droit romain est rigide et normatif. Nous avons beaucoup à apprendre à cet égard de l'Orient, et même de l'Extrême-Orient : des Chinois avec le yin et le yang et des Hindous qui mettent des sacré-cœur dans leurs cuisines : ils ont l'art d'intégrer. Nous avons celui d'exclure. Trouvons la voie du milieu, celle précisément que recommandait Bouddha. Je le répète : il n'y a rien à changer dans le contenu de la foi ; mais nous avons le devoir de la transmettre aux générations futures, ce que nous ne faisons pas. Peut-être, tout simplement, faudrait-il s'y prendre autrement. Mais pour cela, il faudrait faire sans doute plus confiance aux femmes qui mériteraient une place plus grande dans l'Église. Elles sont plus proches de la vie, elles la portent. L'Église romaine a besoin de sensibilité féminine : Rome en manque dramatiquement.

Les spiritualités à l'heure des OGM

Alphonse : Dans notre contexte, il me semble qu'aujourd'hui nous avons le même travail à faire que les Pères de l'Église au IVe siècle vis-à-vis de la culture grecque. Ils ont su l'accueillir, l'intégrer, la baptiser, et cela a donné naissance au fleuve de la grande tradition. A l'heure actuelle, la rencontre avec l'Extrême-Orient représente pour nous de nouveau le même phénomène. Il n'y a pas une exclusion à pratiquer mais une inclusion. C'est une immense grâce de recevoir ce nouveau langage, cette autre façon d'approcher la réalité et de comprendre le Christ. Certains d'ailleurs s'y essayent, comme les Pères Henry Le Saux, Monchanin, Bède Griffiths, appelés les « Ermites de Saccidananda » en Inde. Il y a aussi les fameux jésuites au Japon avec leurs centres de zen chrétien à Tokyo. Ce sont par exemple des hommes comme le père Lassalle ou le père Raguin qui disait : « Depuis quarante ans que je suis en Asie, j'apprends un tout autre visage du Christ ! »

Jean-Marie : C'est exactement ce que je pense. Le christianisme n'a pas à se cadenasser dans la philosophie grecque et le juridisme romain, dans lesquels il s'est coulé tout naturellement parce qu'ils représentaient la culture de son temps. C'est là un fait historique. Une chose est l'essence du christianisme, autre chose est la culture dans laquelle il s'est moulé. Aujourd'hui, en Extrême-Orient, le christianisme se développe beaucoup mieux qu'en Europe. Ici, il vieillit, là-bas il fait une cure de rajeunissement, et semble plutôt bien s'accommoder de sa rencontre avec les philosophies orientales ; ce que les jésuites avaient compris bien avant les autres, en implantant très tôt le christianisme en Chine. Mais Rome n'a pas suivi, et ce coche a été raté. Gageons qu'il n'en sera plus de même de notre temps.

Alphonse : L'Esprit Saint souffle partout et où il veut, comme disait le Christ. Dans toutes les traditions, il y a la présence du Christ et de l'Esprit Saint. Sous quel visage il s'est révélé chez elles, ce serait tout de même passionnant de le découvrir ! Quelle autre approche de l'Évangile cela permettrait !

Jean-Marie : Cela suppose que l'on n'ait pas une position d'exclusion et de rejet mais une position d'ouverture et d'accueil.

Alphonse : Il arrive qu'on entende dire dans certains milieux chrétiens que les autres traditions, c'est le démon, ou l'hérésie...

Jean-Marie : C'est parce qu'ils n'ont pas été voir. Beaucoup de chrétiens vivent recroquevillés sur eux-mêmes et les préjugés sont tenaces. Ils n'ont jamais discuté avec un soufi ou un moine bouddhiste, ou plus simplement, tout près de nous, avec un musulman croyant et pratiquant. L'ignorance pèse encore très lourd et nombreux sont ceux qui en restent au vieux schéma préconciliaire : en dehors de l'Église, point de salut. On parle beaucoup d'ouverture des frontières, de mondialisation ; mais la mondialisation pourrait être aussi celle des cultures et des idées et pas seulement des marchandises. Ici encore les leçons de la biologie sont instructives.

Revenons-en aux analogies « biosociales » ; on sait aujourd'hui comment les espèces s'éteignent. Quand l'environnement change, elles ne bougent pas, ne cherchent ni ne parviennent à s'adapter. Elles se replient frileusement sur leur dernier carré alors que partout autour, le monde bouge ; et voici qu'elles se trouvent dans un porte-à-faux si terrible avec leur milieu, qu'elles ne peuvent plus, à un moment donné, survivre, et peu à peu, elles sont éliminées. Telles sont les lois de l'évolution.

L'exemple que l'on cite toujours est celui des dinosaures, parce qu'ils étaient maîtres du monde. Une chute brutale d'un énorme astéroïde projeta une telle poussière en l'air qu'une longue nuit couvrit la terre. Les plantes qui ont besoin de lumière moururent, et les dinosaures herbivores suivirent, puis vint le tour des dinosaures carnivores qui disparurent faute d'herbivores à dévorer. De petits mammifères réussirent pourtant à échapper au désastre, on ne sait trop comment. Jusque-là ils ne pouvaient pas se développer parce que les dinosaures omniprésents occupaient tout le terrain. Quand les dinosaures eurent disparu, ils trouvèrent tout d'un coup de l'espace vital et se développèrent.

Je pense qu'il doit y avoir au sein de l'Église des petits mammifères évolutifs qui méritent de se développer. Je les vois prospérer en Afrique, en Asie. Finalement, à travers toute son histoire, l'Église a manifesté des capacités adaptatives étonnantes. Mais il ne faut surtout pas dire : « Nous avons les paroles de la vie éternelle, donc nous ne risquons rien ! » Ou encore, pour reprendre l'Évangile : « Les portes de l'enfer ne prévaudront pas. » C'est sans doute vrai, mais cela ne dispense pas d'y mettre du sien ! Et cela vaut tout aussi bien pour l'orthodoxie.

Alphonse : La difficulté des responsables de haut niveau, c'est de maintenir à la fois la pureté de la tradition, le message primitif et en même temps le respect dont on parle, de l'ouverture et de l'accueil de tout un chacun, y compris des grandes traditions de l'humanité.

Rachel : Il y a tout de même une grande question : comment se fait-il qu'aujourd'hui, des milliers de chrétiens ou de soi-disant chrétiens rejettent le Christ en tant que Dieu et s'agrègent au bouddhisme, tradition pour laquelle j'ai d'ailleurs le plus grand respect ? Là ce n'est pas la religion qu'ils rejettent, c'est le Christ...

Alphonse : Des centaines de milliers de chrétiens baptisés sont devenus bouddhistes en France. Il y a plus de cent centres bouddhistes tibétains ou japonais dans notre pays. Cela pose une interrogation très profonde. Si les Églises ne se laissent pas interpeller par ce phénomène abrupt, elles signent leur incompétence ou peut-être déjà leur mort...

Jean-Marie : Ce qui séduit dans le bouddhisme, c'est une sorte de refus radical de la société de consommation, et la recherche d'une approche sobre de l'existence. Nos sociétés, par la pub omniprésente stimulent sans cesse les désirs. Le bouddhisme se situe à l'opposé : il entend éteindre le désir, et par là même la souffrance qui résulte de sa non-satisfaction. Il est de ce fait en réaction très vive à l'égard de nos sociétés. Mais le bouddhisme, c'est aussi une approche très souple de la vie, très personnelle, très ouverte, adaptative, avec cette idée d'équilibre, de juste milieu. C'est la fameuse voie du milieu. Le bouddhisme ignore le concept de magistère propre au catholicisme, c'est-à-dire d'une hiérarchie qui dit où est le bien et le mal. Mais tout cela n'explique pas qu'il connaisse un tel succès en Occident. Comment l'expliquer ?

Alphonse : Je pense que c'est dans la droite ligne de ce que l'on a dit tout à l'heure, le rejet de l'institution, y compris d'un Dieu culpabilisant et moralisateur. On ne rejette pas la transcendance, mais elle est ouverte, innommée. Dans le bouddhisme, toute la place est donnée à l'expérience, y compris celle de Dieu, mais on refuse de Le nommer. La transcendance est présente mais c'est une transcendance sans religion, sans institution.

Rachel : Je crois qu'il y a aussi autre chose qu'il faut voir : dans l'évolution d'un être humain, à un moment donné, l'adolescent rejette papa et maman. Cela se passe ainsi dans l'Église. On n'est pas devenu adulte dans la foi, donc on rejette ce que l'on a reçu de ses parents, c'est-à-dire la religion. Une véritable foi qui serait une rencontre vivante avec le Christ ne peut se perdre ou être reniée !

Jean-Marie : C'est ce que j'ai expliqué dans mon avant-dernier livre[10]. Nous sommes en pleine crise d'adolescence, en réaction à la fois contre Dieu – le Père – et

10. J.-M. Pelt, *L'avenir droit dans les yeux*, Fayard, 2003.

l'Église – la Mère. Comme l'aurait dit Hegel, et comme le font les adolescents, nous nous posons en nous opposant ! Nous ne demandons plus à l'Église d'être notre mère – *mater* – et moins encore notre maîtresse d'école – *magistra*. Nous voulons décider nous-mêmes de ce que nous croyons bon pour nous. C'est la définition même de la modernité qui ne va d'ailleurs pas sans équivoque.

Alphonse : Mais c'est plus un regard de souffrance et d'épreuve que de critique, car l'Église, c'est aussi nous. Nous nous interrogeons nous-mêmes face à ce que nous sommes et ce que nous faisons. Je crois qu'il y a toujours eu, et cela ne disparaîtra pas, le conflit entre l'institution et le charisme.

Jean-Marie : Il faut bien me comprendre : il ne s'agit pas de critiquer l'Église, de l'accabler, de la sommer de rendre des comptes, de se transformer. Nous ne sommes pas maîtres de tout cela. Ce que j'exprime est en effet une souffrance que je ressens très fort : celle de devoir constater que l'Église ne parvient plus à transmettre l'Évangile aux jeunes générations.

Pourquoi ? Peut-être en raison même de ses structures. Il y a, au sommet de l'Église des personnes qui ont vocation à être des chefs d'institutions. Avec le pape, le catholicisme a un chef aisément identifiable à la tête d'une institution fortement structurée et centralisée. La structuration est donc très forte. Le pape, les cardinaux, les évêques, les prêtres, les diacres, les laïques : aucune société ne présente un tel degré de hiérarchisation. Alors évidemment, cela ne correspond pas au monde d'aujourd'hui, où tout fonctionne par réseaux avec Internet, etc. Les hiérarchies sont beaucoup moins apparentes.

Nous vivons dans un monde démocratique beaucoup moins hiérarchique où le commun des mortels peut dire son mot en tant que citoyen ou mieux encore, comme on dit aujourd'hui : en éco-citoyen. Par rapport à cette réorganisation du monde, qui est en cours, les statuts hiérarchiques sont fortement écornés, et souvent remis en cause. L'autorité n'est plus seulement liée à la position qu'on a dans les structures, parce que cette position peut être sans cesse démocratiquement contestée et en tout cas fait l'objet de débat. Les institutions sont amenées à débattre à tout propos. La science, si elle prétend créer des clones ou des OGM, est sommée d'en débattre avec la société. Si la société ne veut pas de clones, la science n'en fait pas.

Voilà. Alors que jusqu'il y a dix ans, la science était la vérité, une nouvelle religion et il ne serait venu à l'idée de personne de s'immiscer dans ses affaires. On ne débattait jamais avec des scientifiques. Aujourd'hui on le fait. Partout les instances de débats se multiplient. Il y a désir très fort de participation et de coresponsabilité. Rien de tout cela n'a transpiré dans les structures de l'Église. Elles restent strictement hiérarchiques et plus encore qu'en d'autres temps, parce que aujourd'hui les liens des évêques avec Rome sont renforcés au point qu'on se demande parfois si certains ne sont pas des homologues des préfets. La société civile se démocratise et se décentralise, l'Église fait l'inverse. Elle visse les boulons. Mais tel est peut-être le prix à payer pour une institution mondiale, la seule de ce genre, donc fortement soumise aux forces centrifuges. Cette question m'interpelle. Comment voit-on le monde depuis Rome ? Je n'ai pas de réponse à cette question.

Alphonse : Dans la tradition primitive et en particulier orthodoxe, l'Église se veut, fondamentalement, conciliaire. Il n'y a en principe aucune centralisation, tout doit venir de l'unique Source, l'Esprit Saint qui inspire les Pères. A tous les étages de l'Église, depuis les fidèles jusqu'au patriarche, les réunions sont de type conciliaire : on écoute ensemble la volonté de Dieu pour l'accueillir et la réaliser. L'Église est à l'image de la Trinité : Dieu est un, la foi est une, elle est la même partout. Par ailleurs, ce Dieu Un s'exprime en trois Personnes différentes, ainsi dans l'Église cette même foi se traduit à travers des cultures variées, d'où la nécessité des Églises locales. C'est l'unité dans la diversité qui est la clé de l'Église et de la non-centralisation.

Jean-Marie : Il faut arriver à ce que, au sein de cette communauté universelle qu'est l'Église orthodoxe, les connexions, les liens, les interrelations entre Églises locales s'articulent bien, ce qui peut faire problème. Je soutiendrais volontiers ce paradoxe que l'Église catholique a en trop ce que l'Église orthodoxe n'a pas assez. Trop de centralisation ici, pas assez là. Le catholicisme apparaît comme un bloc monolithique, même s'il abrite une grande diversité de courants et de sensibilités. L'orthodoxie évoque plutôt une nébuleuse, où il est plus difficile de mener des actions communes de grande ampleur. Le primat de la loi commune est aussi moins perceptible dans l'orthodoxie.

Rachel : L'être humain n'est pas fait pour la loi...

Jean-Marie : C'est le fond de la question, longuement débattue dans l'épître aux Romains. Pour saint Paul, Jésus nous libère des rigueurs de la loi.

Alphonse : Relativiser la loi c'est risquer la pagaille ; mais mieux vaut cela que de renoncer à la liberté !

Jean-Marie : C'est mon impression. Rêvons à une transgenèse spirituelle : quelques gènes de l'orthodoxie instillés dans le génome de la religion catholique seraient les bienvenus.

Alphonse : ... et réciproquement.

Jean-Marie : Bref, nous devons nous rapprocher, tout en restant ce que nous sommes. Et pour cela, ne pas écouter seulement les théologiens qui analysent et séparent, puisque c'est leur métier. On pourrait très bien arriver à l'intercommunion tout en restant dans la diversité. Il n'est pas nécessaire que les orthodoxes deviennent catholiques et les catholiques orthodoxes pour que les uns et les autres se retrouvent et célèbrent ensemble le mystère de l'Église. J'imagine sans difficulté que l'on arrive enfin un jour à l'intercommunion entre ces deux confessions chrétiennes, sans pour autant que l'on change quoi que ce soit au patrimoine propre à chacune. Nous sommes si proches.

Rachel : Cela donnerait lieu non pas à des changements, mais à des évolutions. C'est le profond désir du Christ : « Que tous soient un. » Il n'a pas dit que tous soient les mêmes !

Jean-Marie : On a ce modèle de l'uniformité en tête parce que nous commençons seulement à découvrir le concept de diversité, un concept extrêmement récent. Il y a un siècle et demi, lorsque Darwin faisait son tour du monde, il découvrit les habitants de la Terre de feu et s'écria : « Ce sont des sauvages, ils sont effrayants. » L'idée n'était pas qu'ils étaient autres, mais qu'ils étaient mauvais par rapport à nous qui sommes les bons.

Nous avons raisonné ainsi pendant des siècles et il fallut attendre le milieu du XXe siècle, l'ethnologie aidant, pour découvrir que ces peuples exotiques avaient des savoirs, une culture, bref de vraies richesses. Mieux encore, au cours des dernières années on a complètement inversé la problématique. En Europe, on se bouscule autour des chamans, on admire leurs savoirs, on invoque leur pouvoir de guérison. Pour un peu nous ferions des complexes d'infériorité à leur égard, trouvant leurs richesses plus authentiques que les nôtres ! Aujourd'hui, la terre nous apparaît dans la diversité de ses 1 750 000 espèces végétales et animales connues. C'est la biodiversité. Et l'humanité dans la diversité de ses langues qui sont pas loin de 6 000, de ses cultures et de ses religions, ce qu'on pourrait appeler la socio-diversité, si vous me permettez ce néologisme. L'Église doit désormais tenir compte de ces nouvelles données. Elle a christianisé les peuples les plus divers, mais elle ne doit pas, au nom de l'uniformité, se priver de leurs apports et de leurs richesses.

Rachel : La diversité ne peut être qu'à l'image de la sainte Trinité : Dieu est un, mais unique est le Père, unique est le Fils, unique est l'Esprit, et ces Trois sont Un.

Jean-Marie : Nous avons dans la Trinité le modèle central de la diversité, son archétype en quelque sorte. C'est une force du christianisme. L'Islam ignore ce concept. Ne serait-ce pas une des raisons de son intransigeance ? En condamnant sévèrement l'apostasie, il coupe toute possibilité à ses fidèles d'aller voir ailleurs, ce que ne fait aucune autre religion. Mais il y a aussi bien des lumières dans l'Islam, infiniment plus complexe que nous le croyons parfois.

Alphonse : Oui, un seul Dieu en trois Personnes. Et tout un chacun, même un enfant ou un athée, peut lire sa Présence partout, dans le moindre grain de poussière. Derrière toute réalité il y a la Vie : c'est la Présence du Père-source de toute chose. Cette Vie prend ici la forme d'une fleur, là-bas la forme d'un arbre ou d'un caillou, c'est la Présence du Christ qui donne forme et loi à toute chose. Enfin cette Vie a un mouvement, une énergie qui circule en tout, c'est la Présence de l'Esprit Saint. Un regard intérieur et contemplatif ne cesse de s'émerveiller.

Jean-Marie : Le respect de la biodiversité est une thématique forte de l'écologie. Et la curiosité pour les autres cultures, une donnée spécifique de notre temps. Nous devons intégrer ces nouveaux paramètres dans notre vision du monde. Le christianisme a raté son rendez-vous avec la Chine parce qu'il n'a pu intégrer un modèle culturel qui n'était pas le modèle romain. Avec les animismes, ce fut plus facile, mais la Chine avec sa vieille et grande philosophie, était un gros morceau. La mondialisation des idées et des cultures nous contraint aujourd'hui à voir au-delà du monde et du modèle méditerranéen. Bref, toute l'évolution contemporaine nous pousse et nous contraint à l'ouverture.

Alphonse : On n'a pas su accueillir la possibilité d'un autre langage, ni baptiser les cultures et les nations, comme Jésus le voulait. On colonisait en évangélisant.

Jean-Marie : On avait une vision du monde tellement différente : nous étions les civilisés et le reste du monde les sauvages. Nous voulions apporter en toute bonne foi l'Évangile mais aussi notre culture. L'un et l'autre étaient indissociables.

Alphonse : On devenait chrétien en devenant français et français en devenant chrétien...

Jean-Marie : On ne peut nier le rôle civilisateur de l'Église outre-mer. Il serait injuste de tout rejeter en bloc. Je perçois le bilan des missions comme « nettement positif ». Tant d'âmes généreuses y ont donné le meilleur d'elles-mêmes. Mais aujourd'hui, nous devons accepter que les Églises des pays d'anciennes civilisations, d'Inde ou de Chine, aient une autre couleur.

L'évolution, la joie, la vie

Alphonse : La quintessence de la vie du Christ, de son message, et finalement de toute la Tradition, n'est-ce pas l'eucharistie ?

Jean-Marie : Je crois en effet que l'eucharistie est centrale, parce qu'elle est le symbole de la communion, le signe de l'existence de la communauté. La communauté s'organise et se crée autour de l'eucharistie, à table.

Rachel : Les chrétiens sont frères parce qu'ils ont tous le même sang dans les veines. On est tous de la même chair et du même souffle. Au-delà même du Christ, l'eucharistie contient toute la création. En effet, le pain est le grand symbole de l'homme et de son travail. Prenons la fabrication du pain depuis son origine, quand le cultivateur met le soc de sa charrue dans la terre pour tracer le sillon puis jeter la semence, quand les moulins tournent, quand le boulanger pétrit le pain... Jusqu'à ce que le pain soit sur l'autel, on peut dire que tout l'humain est là. Ce pain qu'est l'homme, son œuvre s'offre à l'accueil du don de Dieu. C'est extraordinaire ! Et de même pour le vin. Quand Dieu investit le pain et le vin, Il divinise tout ce qui a déjà été humanisé. C'est une immense transformation, une christification. Comme disait Teilhard : « Tout converge. » En tant que biologiste, cela vous parle, je suppose : tout a une destinée profonde inscrite dans la nature ?

Jean-Marie : Oui, mais le cœur du mystère de la vie, les biologistes les plus pointus ne l'ont toujours pas expliqué. La vie échappe obstinément à toutes les stratégies visant à en percer le mystère. On ne peut pas la coincer et dire : « Ça y est, maintenant on la tient ! » Mais on ne la tient jamais. On ne sait toujours pas définir la vie, il n'y a pas de définition de la vie. On constate seulement qu'elle est échange, mouvement, flux continu. Le concept d'évolution est inhérent à la vie, il en illustre la marche incessante. Depuis le big-bang, tout bouge tout le temps et non seulement la vie mais aussi la matière, des particules élémentaires aux galaxies. La vie est pleine de paradoxes, elle progresse de crise en crise, meurt puis renaît. Elle ne s'exprime que dans la fluidité et l'image mouvante du yin et du yang est ce que la philosophie a fait de mieux pour illustrer sa dynamique.

Nous sommes emportés par ce flux et tentons de l'endiguer, de maintenir nos acquis, de camper sur nos sécurités : une belle maison, une belle famille, un bon métier, une bonne retraite. Nous pensons, bienheureux les riches, ceux qui rient et se rient de la vie. Et voici que l'Évangile fiche tout en l'air : il dit bienheureux les pauvres, bienheureux ceux qui pleurent. Quelle dialectique ! Nous voulons vivre absolument, et voilà que nous mourons. Et plus paradoxal encore, nous revivrons que si nous mourons, déjà ici à nous-mêmes, puis pour de bon quand nous plierons bagage lorsque le maître sifflera la fin de la partie.

La vie, c'est une mouvance subtile, peut-être plus fortement ressentie dans la féminité. Le principe féminin exprime bien la vie dans ce qu'elle a de fluide, de flottant, de flou... dans tous ces mots la vie scintille comme une flamme (f et v : femme et vie). Et maintenant le catéchisme : ici la vie est codifiée, formatée, canalisée, endiguée dans des catégories précises et définitives. Une tentative certes méritoire pour tenter de structurer et de planifier cette vie qui sans cesse feint de nous échapper. Les bêtes peuvent mener leur vie à leur guise, le catéchisme ne s'y intéresse pas. Que vaut l'amour du chien pour son maître et inversement ? Rien. C'est une forme d'amour non cotée à la bourse des valeurs chrétiennes. La vie est extrêmement imaginative : elle a tout essayé, tout expérimenté. Elle nourrit nos fantasmes les plus fous. Franchement elle ne fait pas bon ménage avec les catéchismes et les idéologies quels qu'ils soient dans lesquels elle se sent comme contrainte, rétrécie. Elle aime jouer dans les espaces ouverts. Dans l'Évangile, positivement, elle explose.

Alphonse : Je crois que l'eucharistie ouvre à cette manière d'être parce qu'elle est fondamentalement action de grâce. L'eucharistie est un mot grec qui signifie en français « action de grâce ». Après avoir institué la Sainte Cène, le Christ dit : « Faites ceci en mémoire de moi » ; cela veut dire qu'Il nous invite à faire une action de grâce de toute notre vie. Saint Paul reprend cette injonction comme un leitmotiv, il le répète sans arrêt : « Rendez grâce en tous temps et en tous lieux », pas seulement quand cela va bien. Ici on retrouve ce fameux paradoxe dont vous avez parlé dans les Béatitudes. On peut être heureux dans les pires des situations, quand on est affligé, quand on pleure, quand on est pauvre, quand on est persécuté. Avoir un cœur d'action de grâce fait que la vie devient une fête. Les Pères le disent depuis les origines. Déjà Clément d'Alexandrie, au IIe siècle, écrivait que les chrétiens sont des êtres de fête, qu'ils labourent et naviguent en chantant, persuadés que Dieu est toujours partout présent...

Dans le christianisme oriental, on a mis surtout l'accent sur la résurrection, cette dimension pascale de l'existence qui fait que c'est la joie et la fête qui sont la tonalité du vrai disciple. C'est la tonalité qu'on trouve dans l'Église primitive, dont témoignent les Actes des Apôtres. Alors qu'ils sont promis à la mort par le martyre, les premiers chrétiens sont dans une joie inexplicable. Ils savent très bien qu'ils ne vont pas mourir, alors même qu'on va les livrer aux arènes. Cette « joie enthousiaste », dont parle Martin Buber, est la note spécifique du christianisme universel, également en Occident, car durant les premiers siècles, il n'y avait aucune différence entre l'Orient et l'Occident. La joie est un signe que la vie triomphe, disait Bergson, car elle triomphe toujours dans le Christ ressuscité qui nous habite...

Jean-Marie : La joie, je la trouve aussi dans la rencontre. J'ai toutes les peines du monde à limiter les rencontres à leur côté purement fonctionnel. Je ne sais pas avoir des contacts neutres. Par exemple, je ne sais pas me taire tout penaud quand un gendarme m'arrête et me demande les papiers de mon véhicule. A ce moment, je ne suis qu'un individu à ses yeux, autant dire un numéro. Mais je ne veux absolument pas être un individu. Je suis une personne et lui aussi d'ailleurs. Je personnalise même le véhicule : pour moi c'est une voiture. Je vais aussitôt lui dire très gentiment une phrase qui va détendre l'atmosphère. Le voici brusquement amené à sortir en dehors des automatismes de comportement qu'il a soigneusement appris au cours de sa formation, donc un peu perdu. Mais aussitôt passé le petit moment d'adaptation nécessaire, la conversation s'engage et on rencontre une personne et pas un képi. Le but n'est pas de passer à côté du PV, ça c'est la cerise sur le gâteau. Le but est de rencontrer un être humain, et pas un matricule en fonction.

J'ai acheté récemment un téléviseur dans un hypermarché. Il était sept heures du soir et la vendeuse était visiblement sur les genoux. Il y avait trois personnes avant moi. Contacts froids, purement fonctionnels, pas un mot aimable, pas une gentillesse ; cette sécheresse glacée des relations humaines si caractéristique de notre temps... Vient mon tour et je lui dis : « Vous en avez marre, n'est-ce pas Madame, heureusement, je suis le dernier. » Elle marque le coup, serais-je en train de la draguer... du harcèlement ? Puis très vite je l'accommode à ma sauce, qu'elle trouve bonne. Elle me parle de ses enfants, elle est contente de rentrer à la maison pour aider le petit à finir ses devoirs. « Quel âge a le petit ? » Je sors de ma serviette un de mes livres que je lui offre pour lui, avec une dédicace *ad hoc*. La scène aurait pu avoir lieu aux Galeries Lafayette où l'on sait qu'il « se passe toujours quelque chose ». En fait c'était chez Darty... Évidemment ça ne se passe pas toujours comme cela. Mais de temps à autre, il faut bien réenchanter la vie. Jésus avait des relations très directes avec les gens. Il entrait, d'un seul regard, en contact intime avec eux : un magnétisme intense, extraordinaire et en même temps une grande simplicité dénuée de tout protocole. C'est ce qui confère ce caractère d'actualité brûlante aux récits évangéliques. Cela se passerait de la même manière aujourd'hui. On croit y être. On eût aimé y être.

Rachel : Je vis cela avec le clochard dans la rue. Je lui donne la pièce et puis un bisou, et je lui dis : « Dieu te bénit. » Dans les magasins aussi, à la caisse, je dis : « Dieu te bénit ! »

Jean-Marie : C'est peut-être cela la joie chrétienne...

Rachel : « Qu'il est bon, qu'il est doux pour des frères de vivre ensemble », chantons-nous dans les Psaumes.

Jean-Marie : Et pourtant, on crée une société triste et froide. Chacun pour soi. C'est très lié à l'idéologie du libéralisme exacerbé et non régulé qui crée un individualisme terrible. C'est toujours moi, ma beauté, ma santé, mes choix, mes décisions « parce que je le vaux bien » comme dit une pub célèbre.

Alphonse : C'est aussi une société compétitive où on vit sur l'exclusion de l'autre. Cela s'apprend dès l'école : s'il y a un premier, c'est qu'on exclut les autres, il faut un dernier. Tout est basé sur la concurrence et l'élimination avec tout ce que cela entraîne comme jalousie, ressentiment, rancœur, désir de vengeance et autres violences... C'est un climat d'individualisme et de peur.

Jean-Marie : La peur est au cœur des relations humaines. Je ne sais pas si cela a toujours été. Je suis tombé en panne récemment, vers minuit. Je n'avais pas de portable. J'ai donc marché vers le village le plus proche. Une voiture s'est arrêtée et m'a chargé : deux jeunes gens, de vrais pauvres, handicapés et chômeurs tous les deux. Je leur ai raconté l'épisode du Samaritain qu'ils ne connaissaient pas. Ils m'ont avoué avoir eu très peur de s'arrêter. Ils m'ont ramené à la maison. Il était très tard, on a pris un café, et on a échangé, très fraternellement. Ils sont repartis avec quelques livres – elle disait aimer lire – et quelques euros. Ils s'étaient arrêtés malgré leur peur. C'est vrai qu'il y a une peur terrible au cœur de la société, une peur de l'autre. L'autre est un danger. Il va me braquer, me voler, me violer, faire du harcèlement moral ou sexuel. Il y a d'innombrables peurs. Beaucoup de gens vivent dans la peur. Cela montre bien que nous ne sommes pas encore très civilisés...

Alphonse : Donc pas libres. Notre peur a sa source dans nos dépendances et c'est là que je repense à l'action de grâce eucharistique, l'action de grâce comme style de vie, comme manière d'être, comme fête : elle met la cognée à la racine de nos angoisses. Quelqu'un qui rend grâce se libère peu à peu de ses dépendances.

Jean-Marie : Probablement. Il y a une manière de rendre grâce dans ce genre de rencontres qui sont chaque fois un moment de grâce.

Alphonse : Une des dépendances les plus terribles, c'est d'être propriétaire. On croit posséder des choses, mais en fait elles nous possèdent. Dans la perspective évangélique on peut voir, au contraire, que tout est don de Dieu, la moindre des choses, même mon corps, et tout ce qui m'entoure. Devant un don, je dis « merci », je rends grâce, et je découvre alors un détachement possible, une libération. Au lieu d'être possédé comme un esclave, je peux m'émerveiller et reconnaître le Donateur derrière les dons qui me sont offerts à chaque instant. C'est une tout autre manière d'être qui fait que l'eucharistie ne se cantonne pas à l'Église, mais s'étend à toute ma vie. Ma vie est une fête que je célèbre ; ce n'est pas un joug que je subis, un tragique enfermement. Vivre divinement, c'est ce que le Christ nous a appris, ne plus dépendre des conditions, être libre au sein même des déterminismes. C'est une filiation dans l'être et non dans l'avoir...

Jean-Marie : Mais ne faut-il pas rester avec une âme d'enfant pour ressentir cela ? On me dit parfois : « Vous êtes comme un enfant. » Chaque soir en rentrant, je rends grâce à Dieu qui m'a donné cette belle maison avec son grand jardin ouvert sur des espaces lointains. Je le perçois comme un don, non comme un dû. Un don chaque jour renouvelé, un cadeau en somme. Les enfants aiment les cadeaux. Et dans cette belle maison m'attend Madame Moll, ma fidèle complice ! Ensemble nous sillonnons la France, la Belgique et la Suisse en tous sens, allant de colloques en conférences, porteurs de la bonne parole. Un équipage original qui en étonne plus d'un, mais que tous accueillent avec une exquise gentillesse.

Rachel : Je me répète, le Christ le demande : « Si vous ne redevenez pas comme des petits enfants, vous n'entrerez pas dans le Royaume des Cieux. » Le Royaume des Cieux, c'est ici et maintenant dans le cœur de l'homme.

Jean-Marie : Il y a chez l'enfant une spontanéité dans sa présence au monde, aussi bien à la nature qu'au chien de la maison, à ses petits copains qu'à ses parents. La vie surgit à l'état natif ; elle n'est pas encore conditionnée. L'enfant a donc des potentialités évolutives considérables, beaucoup de fraîcheur et une grande capacité de s'émerveiller. C'est ce que les adultes ont perdu. Nous allons initier à la nature les enfants dans les écoles maternelles de Metz. Nous le faisons sous le regard attentif de l'Éducation nationale. Et là, on nous demande que tout ce qui est dit aux enfants soit scientifiquement prouvé ; il faut par conséquent faire des expériences pour leur montrer que ce qu'on dit est vrai, par exemple que la sève monte bien dans les branches comme on le dit. Cela me surprend. Où donc est la place du merveilleux, que fait-on de leur capacité d'imaginer et de toute cette spontanéité de la vie chez l'enfant, qui d'abord est un émerveillement et pas une demande de preuve ? L'enfant ne demande pas de preuve, il demande à être émerveillé. Quand mon grand-père me racontait des histoires, je n'allais pas lui demander des preuves de ce qu'il me disait. C'est terrible de faire comme si des enfants étaient déjà des adultes à l'âge de cinq ans. Nous sommes totalement imprégnés de scientisme, un mauvais usage à mes yeux de la science.

Alphonse : Par ce côté scientifique, on inculque un savoir, alors que par l'émerveillement, les anciens philosophes le savaient bien, on était dans la sagesse, dans la connaissance. Par l'émerveillement l'enfant, mais aussi l'adulte, naît au mystère de la vie et de son propre être.

Jean-Marie : L'enfant vit dans un monde enchanté. Et il n'est pas interdit aux adultes de faire de même.

Alphonse : Vous avez réussi à le faire, en particulier à travers les émissions télévisées, dans ces superbes films sur les plantes...

Jean-Marie : C'était la série *L'aventure des plantes*, due aux talents de réalisateur de mon ami Jean-Pierre Cuny aujourd'hui disparu. Elle connut un grand succès un peu partout dans le monde.

Alphonse : Vous avez l'art de susciter dans l'adulte l'Enfant qui a cette capacité de contemplation. A travers ce qu'on voit, vous savez faire découvrir une autre réalité, pour certains ce sera une Présence. Le Créateur Lui-même est à l'intérieur de sa créature et accueille ce regard contemplatif, d'émerveillement.

Jean-Marie : Cette dimension-là a toujours été très importante pour moi !

Rachel : On ne peut donner que ce qu'on est et ce qu'on a. Je crois que le fait d'avoir grandi avec votre grand-père dans cette contemplation de la nature, tout petit, vous a fait faire très tôt l'expérience de l'émerveillement. Vous avez pu la cultiver et la transmettre, parce que c'est une expérience véritable que vous avez faite avec un cœur d'enfant.

Jean-Marie : Oui, c'est quelque chose que j'ai reçu très tôt et qu'il n'est pas si facile de transmettre. J'ai écrit avec un ami une sorte de conte enfantin sur le jardin où les carottes parlaient avec les radis et les pommes de terre avec les tomates. Personne n'a voulu ce conte, ni les éditeurs de livres pour enfants, ni l'inspection d'académie. On m'a objecté que les enfants n'étaient pas aussi naïfs, et qu'ils savent bien que les légumes ne parlent pas. J'étais soufflé. Pour un enfant, c'est beau pourtant l'histoire de la carotte qui raconte comment elle est devenue rouge un beau jour en Hollande au XVIIIe siècle. Et celle de la pomme de terre que les Belges ont habilement réussi à transformer en frites un jour d'hiver 1832 quand la Meuse était gelée et qu'il n'y avait plus de petits poissons à jeter dans l'huile chaude. Alors on eut l'idée de sculpter des pommes de terre en forme de poisson, de les jeter dans l'huile et voilà donc les premières frites qui ressemblaient à des poissons. Aujourd'hui c'est bien le contraire : les poissons rectangulaires des supermarchés ressemblent à des frites et les enfants s'en étonnent qui ne reconnaissent plus les poissons du commandant Cousteau. Mais personne n'a voulu de toutes ces histoires. Elles n'étaient pas assez scientifiques.

Rachel : L'essentiel échappe à la science. On sourit quand on dit qu'une carotte ne parle pas, mais si on savait écouter... Quelqu'un qui se met devant une fleur, une plante quelconque, une réalité qui l'émerveille et s'il reste dans cette écoute profonde, sans réfléchir, dans le silence du mental, il perçoit la voix de l'être. L'être est là. Je découvre qu'il y a un dialogue possible entre mon être et le sien. C'est finalement la même conscience au fond de toutes choses et l'expérience de cette Réalité est toujours bouleversante...

La beauté sauvera le monde

Alphonse : Le Créateur nous ouvre directement à la dimension de la beauté. La beauté est vraiment un visage de Dieu à l'intérieur de la fleur, du brin d'herbe, du rocher, de tout ce qu'on peut voir et devant quoi on s'émerveille. C'est ce que les spécialistes du sacré, comme Rudolf Otto ou Carl Jung, appellent le « numineux ». Comme thérapeutes, ils ont accordé beaucoup d'importance au numineux, parce qu'il a aussi une fonction de guérison et de mise en route. Dostoïevski a dit, répétons-le, que la beauté sauvera le monde.

Jean-Marie : Je fais campagne pour la beauté. J'ai préparé récemment une conférence sur les valeurs, y compris les valeurs dont on ne parle plus beaucoup, dont la beauté précisément. La beauté n'est pas mise en avant par la culture contemporaine. On ne la voit plus dans la nature dont les jeunes branchés sur les technologies sont si éloignés. Je ne pense pas qu'il puisse y avoir des initiations à la nature sans que cette dimension-là soit présente. Car avant d'expliquer comment fonctionne la nature avec des arguments scientifiques, il y a l'émerveillement en première approche.

C'est aussi tout le débat sur l'art et particulièrement sur l'art moderne. On ne dit pas c'est beau, on dit c'est contemporain, feignant de croire que les deux sont synonymes. Que laissera la seconde moitié du XXe siècle ? Quand on étudiera l'histoire de l'art ou de l'architecture en 2500, il ne restera plus rien de notre époque ; d'une part parce que tout aura disparu puisque, à la différence des cathédrales, on construit pour cinquante ans, pas plus. Il ne restera pas non plus le souvenir d'une époque où on a cherché la beauté. Quand on dit « on fait du contemporain », cela vous absout de toutes les médiocrités et Dieu sait qu'il n'en manque pas. Il y a certes de belles architectures contemporaines, j'en connais, mais elles sont très rares en France. Quant à la musique contemporaine, j'y suis complètement hermétique. Je la trouve dysharmonique, parfois plus cacophonique que dodécaphonique comme elle se désigne elle-même. Elle ne m'émeut pas, elle ne saisit pas l'âme et ne l'enveloppe d'aucune émotion. Ma nature me porte à ressentir et à rechercher les harmonies, or là je ne sens rien de tel. Dans la peinture contemporaine non figurative, il y a des œuvres très belles, très suggestives, mais d'autres fort médiocres.

Nous sommes dans une période où n'émergent pas d'œuvres majeures dont on serait certain qu'elles vont traverser les siècles comme c'est le cas pour les cathédrales, les grandes mosquées du Moyen-Orient, les temples bouddhistes ou hindous. Nul ne s'en offusque, d'ailleurs, car la recherche de la beauté a déserté notre civilisation. Il y a cependant dans l'écologie, l'idée qu'il faut protéger l'harmonie des sites et des paysages. Là se cache une authentique recherche de beauté. Beaucoup d'associations s'activent pour éviter qu'on dénature les paysages. Il y a donc quand même présent chez nous ce désir de protéger ce que nous percevons tous ensemble comme étant beau. Nous sommes continuellement en relation avec des associations qui se battent pour éviter d'affreux coups de poing, d'affreuses dénaturations de très beaux paysages. Mais dans les œuvres de création on ne peut pas dire que la recherche mystique de la beauté soit une préoccupation dominante.

Peut-être n'ai-je pas des goûts assez modernes et sans doute ai-je tort de le dire. Nulle part plus que dans le domaine de l'art, l'effet de mode est aussi prégnant. Or je n'ai jamais été sensible aux modes. Je suis fasciné par la Renaissance, par l'architecture du Moyen Age, le roman, en particulier, dans sa sobriété, et je me demande ce que nous allons laisser aux générations suivantes. Quel héritage ? Quand on est dans une période d'exploitation vorace de la nature, où le maître mot est de tout transformer en dollars, on n'a pas le temps de s'embarrasser de considérations esthétiques. Le cinéma en est un parfait exemple avec les superproductions américaines dont l'objectif est de faire de gros chiffres en nombre d'entrées dans les salles. L'agressivité y joue un rôle extrêmement important, le sang coule partout, ce que l'époque classique aurait trouvé abominable, incivil et indécent. Où diable est donc la beauté dans tout ça ? Je la vois dans les êtres que je rencontre, dans les paysages, dans les fleurs, dans la nature mais aussi dans l'apport incroyable de l'art de toutes les civilisations et de tous les temps où les hommes ont exprimé ce que la condition humaine a de meilleur.

Nous avons en tout cas le mérite de vouloir protéger cette beauté-là. Si nous ne créons pas de beauté, nous essayons tout de même de l'accueillir avec respect quand nous l'héritons de nos ancêtres. Le souci de la conservation et de la mise en valeur du patrimoine naturel, architectural et artistique est tout de même à mettre à l'actif de notre temps. Il n'en a pas toujours été ainsi des générations précédentes.

Rachel : Ne peut-on pas dire qu'il y a une constante de la beauté au moins avec l'icône ?

Jean-Marie : L'icône, c'est la beauté. C'est elle que l'on recherche d'ailleurs à travers les icônes, c'est la beauté du divin. De ce point de vue, l'Orient a mieux conservé cette dimension que l'Occident. La beauté, c'était d'abord les Grecs, l'architecture grecque, la sculpture grecque qui ont fondé les critères premiers de la beauté. Les Grecs parlaient de la beauté de Dieu. Pour nous, ce sont des modèles. Pour l'Église byzantine, la beauté est une dimension fondamentale aussi bien par le chant, la liturgie, l'ornementation. La recherche de la beauté est une constante de l'orthodoxie.

Alphonse : Dans l'Église, rien n'est possible sans la beauté, car celle-ci est le lieu même de l'Alliance entre Dieu et l'homme. Mais pour vous, personnellement, qu'est-ce que la beauté ? Qu'est-ce qui au fond nous permet de dire qu'une chose est belle ?

Jean-Marie : C'est très difficile à définir par des concepts. Il y a sûrement des harmonies qui s'accordent à nos dispositions intérieures les plus intimes. Tous s'accordent à reconnaître que telle fille est belle. On élit même des miss ! Il y a donc une communion dans la beauté. Et cette communion nous tire vers le haut. Je ne vais pas disserter sur l'idée à la mode selon laquelle l'art se doit de refléter la société. On entend cela partout, mais ça n'est pas parce qu'on entend la même chose partout qu'on est obligé d'y adhérer. Cette notion est très ambiguë : prétendre refléter la société n'amène par forcément à l'élévation de l'âme. Je n'apprécie nullement ces « œuvres d'art » élaborées avec des déchets et des ordures devant lesquels d'aucuns s'extasient. Je me demande alors qui se moque de qui.

Rachel : Le fond de la nature, comme le fond de l'art, c'est de rendre visible l'invisible, de manifester l'au-delà de la réalité.

Jean-Marie : La beauté nous saisit et nous emporte, nous restons émus et sans voix devant une œuvre qui nous parle et met nos sens et notre sensibilité en émoi. Elle exprime quelque chose qui est en nous et nous élève au delà de nous. Cela nous rejoint et nous emporte. J'éprouve souvent ce sentiment en contemplant une fleur, dont la beauté me saisit et me fascine. Ce sentiment est étranger à toute pensée analytique ou scientifique, ce n'est pas de cet ordre-là. La fleur, je ne cherche pas à la disséquer en bon botaniste que je suis, mais seulement à la contempler. Le cerveau gauche est déconnecté ; seul parle l'hémisphère droit. Cela s'est beaucoup développé depuis que j'ai pris ma retraite universitaire. Un autre regard est né qui était précisément celui de ma petite enfance.

Alphonse : Comme dit Rudolf Otto, il y a toujours dans cette expérience, une « fascination ». On rentre vraiment dans une expérience qui saisit notre être tout entier. En quelque sorte, ce n'est pas la fleur qui est belle, ou la chose qu'on voit, mais celle-ci rend compte d'une autre réalité qu'on ne voit pas et c'est elle qui nous fascine. Il s'agit d'une expérience des profondeurs de l'être, on est dans la dimension ontologique.

Jean-Marie : Cela se passe dans l'invisible et l'invisible n'est guère lisible dans le monde dans lequel nous vivons. Cela nous manque beaucoup de rencontrer l'invisible, si absent de notre société platement matérialiste.

Alphonse : Nous sommes les aveugles au bord du chemin dont parle l'Évangile. C'est comme si le rideau était tiré, nous ne voyons plus que le voile des apparences. Il n'empêche que c'est l'invisible qui manifeste sa beauté au travers des réalités visibles. Quand on dit d'une chose qu'elle est belle, ce qu'on expérimente, c'est le rayonnement de ce qui est à l'intérieur de la fleur, de l'arbre, de l'oiseau ou de l'être humain. Tout est Buisson Ardent et nous sommes saisis par cette Présence de feu, de lumière, ce Visage inconnu qui nous touche, nous entraîne et nous élève. Un des grands rôles de l'icône, c'est justement de transformer notre regard pour qu'il reçoive cette beauté parfaite. La pédagogie de l'icône c'est d'ouvrir le rideau et de nous mettre en présence de l'Invisible. Les yeux se remplissent alors de cette Lumière, la cherchent ensuite partout et finissent par la trouver, car tout est icône, tout rayonne...

Jean-Marie : Et le créateur doit s'effacer face à son œuvre. Ce n'est pas ce que j'ai vu durant mes douze ans à la municipalité de Metz. J'avais alors été frappé par les discours des concepteurs, des urbanistes, des architectes. Ils ne parlaient jamais de beauté, mais de défis, de paris. L'œuvre envisagée devait s'imposer avec audace et sans pudeur. Une tour près de la cathédrale ? Et pourquoi pas : ce serait un défi, un pari justement. Mais je n'aime pas les paris que je sais perdus d'avance, lorsque ce genre d'audace massacre l'harmonie du bâti en le gratifiant de verrues laides et voyantes. Cela, nous l'avons refusé à Metz, et tout le monde nous en sait gré. Il y a souvent de l'immodestie dans la création contemporaine et une sorte d'affichage du moi qui manque totalement d'humilité. J'imagine le discours des grands peintres de la Renaissance moins emphatique.

Rachel : Entre manifester l'invisible ou manifester son moi, il y a l'abîme de la beauté ou de la laideur...

Alphonse : En dehors de l'orthodoxie dont vous parlez, où est votre lieu de beauté ?

Jean-Marie : J'aime beaucoup la cathédrale de Metz, je vais souvent m'y recueillir. Je suis aussi très sensible au paysage urbain qui se découvre de l'autoroute qui longe la ville : au-delà du plan d'eau, les grands monuments messins admirablement illuminés – Metz a eu le prix européen de l'éclairage urbain – émergent d'un écrin de verdure. C'est un spectacle d'une grande beauté. Le mariage entre la pierre blonde, symbole de la cité, la nature généreuse, les cours d'eau nombreux découpant des îles de leurs bras morts et ces grands monuments qui émergent de tout cela représente un ensemble fait de mesure et d'harmonie d'une qualité exceptionnelle. Très peu de villes peuvent se prévaloir d'ensembles harmonieux d'une telle qualité. C'est pourquoi beaucoup de touristes s'arrêtent à Metz, et j'invite mes lecteurs à se joindre à eux pour partager, *de visu*, ma propre émotion.

J'aime aussi les beaux livres consacrés à la peinture que je feuillette régulièrement et la musique naturellement : le classique, le grégorien, mais aussi Jean-Michel Jarre, Vangélis, Ennio Moricone... Par contre je suis assez hermétique aux chansons et les variétés ne sont pas ma tasse de thé.

Alphonse : Est-ce que vous pensez, comme beaucoup, que la musique a une influence sur les plantes ? On dit communément que des vaches qui entendent de la musique donnent plus de lait, que les tomates deviennent plus belles...

Jean-Marie : Non seulement j'y crois mais c'est prouvé. De plus, c'est prouvé par un de mes amis, Joël Sternheimer... Il a réussi à démontrer par des approches scientifiques extrêmement rigoureuses, partant à la fois de la physique quantique et de la biologie moléculaire, que les gènes répondent à des stimulations musicales particulières, et que par conséquent, ils sont capables de s'exprimer davantage lorsqu'ils « entendent » certaines musiques. C'est comme cela que Joël obtient par exemple des améliorations tout à fait spectaculaires de la taille ou du goût sucré des tomates en leur faisant entendre de la musique pendant des temps d'ailleurs très courts. Ce sont des découvertes récentes qui ont été réalisées au cours des dix dernières années. J'ai exposé tout cela en détail dans un de mes livres[11].

Rachel : N'est-ce pas le rôle des oiseaux d'enchanter les plantes et la nature tout entière ?

Jean-Marie : Les oiseaux font de la musique, c'est leur manière à eux de s'exprimer. Le chant des oiseaux répond à des codes très précis qu'on commence à comprendre, c'est leur langage, leur mode de communication. Pour nous aussi la musique est un moyen d'échange et de communication.

Alphonse : Si la musique a une telle influence sur l'environnement, les plantes, à plus forte raison alors sur l'homme. Beethoven voyait dans sa propre musique la plus haute sagesse...

Jean-Marie : Si nous sommes si sensibles à la musique, c'est parce que l'idée de musique et l'idée d'harmonie vont de pair. Si je ne suis pas en harmonie avec la musique, c'est qu'elle ne me dit rien. C'est mon cas avec certaines musiques contemporaines, mais d'autres

---

11. J.-M. Pelt et F. Steffan, *Les langages secrets de la nature*, Fayard, 1996.

peuvent vibrer à leur écoute. Cela doit être en rapport avec les structures du psychisme. A la fin de sa vie, Darwin se plaignait de n'avoir plus aucune sensibilité pour la poésie, pour la musique ; pour la religion non plus d'ailleurs, ce qui attristait beaucoup son épouse. Il pensait qu'une partie de son cerveau s'était desséchée. On sait aujourd'hui que c'est l'hémisphère droit. Son activité qui n'incluait plus que la science avait anormalement développé son cerveau gauche. Plus rien ne l'intéressait, disait-il, hormis la science. Mais son cerveau droit s'était hermétiquement fermé à tout affect, à toute émotion. Il s'en disait très malheureux et prétendait que si c'était à refaire, il prendrait grand soin de cultiver la sensibilité, les arts, la poésie, la musique. Bref, le vieux Darwin ne marchait plus qu'avec un intellect hypertrophié et une sensibilité atrophiée.

Voilà bien une chose redoutable : ne plus fonctionner qu'avec l'intellect. Un intellect qui peut devenir carrément monstrueux, dévorant tout sentiment. On dit de telles personnes qu'elles n'ont pas de cœur. Les intellectuels, ceux qui ne travaillent qu'avec leur tête, courent peu ou prou ce risque. Les philosophes, les théologiens mais aussi les purs matheux sont à mes yeux les plus exposés, bien plus en tout cas qu'un bon curé de campagne plongé dans la pâte humaine. Ceux-ci sont souvent de vrais hommes de cœur. Cet épanouissement par la sensibilité et par le cœur doit se cultiver à travers toutes les expériences de la vie, y compris naturellement la musique. Dieu merci pour eux, les matheux sont souvent d'excellents musiciens.

Alphonse : N'avez-vous pas l'impression que la musique, en tant que sagesse, ouvre l'homme à ce qui le dépasse ? Comme dit Pascal, un de vos grands amis : « L'homme passe l'homme. » Est-ce que ce n'est pas par cet « instrument », cette expérience de la beauté, que cela peut se passer ? Toutes les religions utilisent la musique et le chant pour accéder à l'Être ineffable...

Jean-Marie : On comprendra peut-être un jour comment la musique nous touche dans l'intimité de nos structures biologiques ou mentales et comment elle nous ouvre les portes de la perception d'états psychiques où notre conscience est modifiée. Quand ils écoutent de la musique, les jeunes disent qu'ils planent ou qu'ils flashent. C'est quand même assez mystérieux que la musique nous déconnecte de la sorte de la réalité, qu'elle nous élève à cet état de communion, de joie et de bonheur. D'autant qu'elle permet la communication au-delà de la barrière des langues. La musique rapproche là où les langues séparent. C'est particulièrement net chez les jeunes. Pourquoi la musique a-t-elle chez les jeunes cette importance colossale ? Dans quel état de dépression sombreraient-ils si on les privait de musique ? J'imagine qu'elle libère des énergies premières dans un monde mécanique et technique où tout est codifié à l'extrême. De ce point de vue musique et technologie sont complémentaires, la première réchauffe la froideur de la seconde, et de leur mariage naissent la techno et les raves parties. Le monde technologique où le virtuel est froid. Les jeunes qui vivent immergés dans ces mondes compensent instinctivement par la musique. Cela explique peut-être le goût immodéré qu'ils ont pour elle. Ils y trouvent enfin un mode d'expression, comme dans le rap par exemple... Un mode d'expression bien différent de la dissertation philosophique, un mode d'expression chaleureux qui plonge dans leur vécu.

Alphonse : Dans ce monde plat, horizontal, où tout semble fermé, encapsulé, la musique offre un au-delà, quelque chose qu'on ne peut pas nommer. Il y a une réalité au-delà de la parole et du concept, ce que saint Paul appelle l'« inconcevable », et qui est finalement notre propre profondeur en harmonie avec la profondeur de Dieu. C'est en cela que la musique est si mystérieuse !

Jean-Marie : La physique quantique nous apprend que la matière est vibratoire et corpusculaire. Qui dit vibration dit musique : il y a effectivement un lien direct entre notre ADN et les harmonies musicales ; c'est quelque chose qui fait vraiment partie de la nature, comme l'a si bien montré

Joël Sternheimer. Étrange tout de même ce lien entre le quantique... et les cantiques.

Rachel : Si la musique a un tel impact, c'est parce que l'homme est son. Il est créé Verbe, il est son, il est musique. On peut pousser plus loin et dire que Dieu est musique. Si on regarde l'univers avec des sens intérieurs, on se rend compte que l'univers entier est musique, que l'univers entier chante. Mais on ne l'entend plus.

Jean-Marie : Oui, les sons jouent un rôle important dans tous les systèmes de communication entre les êtres qui peuplent l'univers. Mais la science qui sépare les disciplines peine à admettre des travaux vraiment pluridisciplinaires comme ceux que j'ai évoqués et qui empruntent, je le répète, à la physique quantique et à la biologie moléculaire. La biologie moléculaire reste très matérialiste. L'aspect vibratoire de la matière n'est pas pris en considération. Pour la physique quantique au contraire les vibrations sont essentielles et ce sont ces vibrations inhérentes à la matière elle-même qui entrent en résonance avec les vibrations musicales.

Alphonse : C'est cette fameuse harmonie dont vous parliez tout à l'heure ?

Jean-Marie : Certes, mais il y a aussi les dysharmonies. Si la musique qu'on fait écouter à la plante ne correspond pas à ses vibrations, elle dépérit.

Alphonse : Sternheimer a-t-il fait la même recherche sur le rapport de la musique avec l'homme ?

Jean-Marie : Je ne crois pas. Il a surtout travaillé sur la manière dont les plantes répondent à la musique. De telles observations avaient déjà été effectuées en Inde et aux États-Unis au siècle dernier avec les mêmes résultats. Mais on ne connaissait pas à l'époque le mécanisme intime du phénomène.

Rachel : S'il est vrai que la matière est son...

Jean-Marie : La matière est vibration. Joël Sternheimer étudie les vibrations propres à chaque molécule. Puis, car il est aussi musicien, il compose la musique qui correspond exactement à ces vibrations. Le gène qui contrôle la molécule est « mis en émoi » et voilà la plante en état de produire des fruits plus gros, plus sucrés. Ses expériences ont été très spectaculaires sur les tomates. Pas besoin de bricoler le génome, de faire des OGM. La plante est stimulée par un processus naturel, la musique, qui la conduit à exprimer les potentialités de ses gènes sans y toucher.

Alphonse : C'est ce qui se passe sans doute pour l'homme quand il entre dans l'acte liturgique. Il se met dans la tonalité juste de son être profond à travers la musique et le chant. Si la musique est seulement esthétique, on en reste sur le plan du simple plaisir psychique et il ne se passe rien de plus. Mais si la musique est vraiment liturgique, alors elle est construite sur de petites unités musicales ou verbales, dont la propriété est de pénétrer dans l'intellect pour le faire descendre dans le cœur. L'homme s'unifiant ainsi se transforme. C'est une croissance sur le chemin spirituel, une divinisation, puisqu'en devenant musique on ressemble à Dieu ! Cette découverte extraordinaire est, en fait, sous-jacente à toute votre œuvre.

Une sagesse pour vivre au quotidien

Jean-Marie : La sagesse est indissociable du concept d'harmonie qui est à l'œuvre dans le cosmos tout entier. Ce n'est pas une harmonie statique, parce qu'il y a des ruptures qu'illustrent abondamment les crises galactiques et les à-coups de l'évolution ; mais il y a aussi, après les à-coups, des retours à l'harmonie, comme si la vie recherchait perpétuellement par des rétablissements successifs à recréer des équilibres certes toujours provisoires. Être sage, c'est raisonner en fonction de ces équilibres sans ignorer les crises et en apprenant à les gérer. C'est en fait trouver l'harmonie en deçà et au-delà de la dialectique équilibre-crise. Ces alternances d'équilibres et de crises sont la loi du cosmos comme de nos propres vies. Le microcosme et le macrocosme sont en résonance.

Leur évolution est déterminée par les lois universelles de la nature. C'est ainsi par exemple que j'ai ressenti très profondément la forte tension qui a précédé la guerre en Irak. Bien que n'étant pas directement concerné, cette situation m'a atteint et m'a perturbé en profondeur. La sagesse, c'est d'essayer de promouvoir l'équilibre et l'harmonie au moins dans notre proche environnement. Je sais bien que ce sont des notions qui n'ont guère cours aujourd'hui, car elles sont étrangères à la sensibilité actuelle où on parlera plutôt de conflits, de lutte, de concurrence, de compétition, d'agressivité, de violence, autant de concepts qui ne sont pas du tout liés aux notions d'équilibre ou d'harmonie. Le monde dans lequel nous vivons est fondamentalement dysharmonieux pour cette raison première que l'harmonie n'y est pas une valeur recherchée et reconnue. Sage est celui qui recherche pour sa propre vie et pour la vie du monde ces équilibres et ces harmonies fondamentales. Malgré les catastrophes qui se succèdent, s'il n'y avait pas, après chaque catastrophe, chaque tremblement de terre, chaque cataclysme naturel, une sorte de manière propre à la vie – qui est très autonome en fait – de rebondir et de reconstituer de nouveaux équilibres, la vie n'existerait plus sur terre depuis longtemps.

Harmonie et équilibre sont deux mots qui me parlent. J'imagine qu'on puisse un jour les faire entrer dans l'économie. Ce serait une révolution sans précédent. L'économie ne serait plus l'exploitation acharnée des ressources naturelles jusqu'à les épuiser, mais une manière de vivre en harmonie avec nos ressources. Le concept existe, c'est le développement durable. Depuis le « Sommet de la terre » à Johannesburg en 2002, ce concept est décliné partout, il est devenu quasiment invasif. Mais entrera-t-il vraiment dans nos pratiques ? Tel est le défi que nous devons relever. Passer du discours aux actes.

Alphonse : Quel est le sage qui incarne le mieux pour vous cette réalité ?

Jean-Marie : Pour peu que je le connaisse, je crois qu'on trouve dans Lao Tsé, une manière de voir qui devrait nous être aujourd'hui très utile. Je trouve chez lui cette intuition que toute chose est reliée à tout, dans une mouvance continue entre des phases plus yin et des phases plus yang, sans que l'une ne s'oppose à l'autre, parce qu'elles s'épousent mutuellement. Une vision souple et mouvante de la vie qui oscille en permanence entre deux pôles complémentaires qu'on pourrait dire aussi masculin et féminin.

Dans notre tradition, l'Évangile selon saint Jean et la première lettre de saint Jean sont aussi constitutifs d'harmonie ; et cette harmonie c'est l'amour. Ces textes pourraient tout aussi bien s'exprimer dans une autre culture différente de la nôtre. Ils appartiennent au patrimoine de toute l'humanité, mais sont aujourd'hui connotés, pour nos contemporains, à « la religion ». Donc rejetés par beaucoup d'entre eux. Comment dès lors libérer leur formidable puissance de vie ?

Considérons les métamorphoses des insectes. A un moment donné, les vieilles structures doivent craquer pour que le papillon se libère. Cela demande un long travail sur l'organisation interne et les structures de l'animal, un peu comme pour une graine qui germe. La vie pousse, tout se transforme : c'est la crise. Les vieilles outres ne tiennent plus car le vin nouveau fermente et va jaillir. On ne peut plus contenir la vie dans des structures désormais obsolètes, on ne peut pas l'enfermer dans des structures vissées déclarées intangibles et immuables.

Je pense que nous devons être prêts à tous moments à laisser jaillir le message évangélique dans la culture d'aujourd'hui comme il jaillissait dans celle de l'an 1000 et comme il jaillira dans celle de l'an 3000. Nos structures, y compris ecclésiastiques, doivent évoluer pour être sans cesse adaptées à cette fin. Et là je pense que pour nous aider à faire ce chemin intellectuel, Lao Tsé pourrait nous être utile.

Alphonse : L'Extrême-Orient a une pensée inclusive, non duelle. Cette dualité occidentale, c'est comme vous le dites, un juridisme hérité de la Grèce ou de la Rome antique, alors que la source de notre être et de notre pensée, c'est le Christ qui est à la fois Dieu et homme en une seule personne. C'est étonnant qu'on soit arrivé à cette dualité, ces opposés. Le Christ est en un seul être homme et Dieu. Ce n'est pas « ou, ou », c'est « et, et ». La relecture de cette réalité dans la perspective du ying-yang de Lao Tsé me paraît extraordinairement éclairante. La vie est une et vivre pleinement, c'est épouser le mouvement tout en étant enraciné dans l'Être immuable. Comment acquérir cette capacité à vivre en même temps dans les limites du relatif et dans l'illimité de la transcendance ? Vivre l'unité dans la diversité, c'est exactement de cela dont le Christ est venu illuminer notre conscience ! Il s'agit d'un état d'amour qui fait que la conscience unifiée n'est plus séparée de rien. Le contraire est ce qu'on appelle le « péché ». Est-ce que l'avenir ne sera pas de penser le christianisme dans d'autres catégories ?

Jean-Marie : Cela me paraît d'une impérieuse nécessité. On ne peut plus ne pas prendre en compte ce qu'on sait aujourd'hui grâce à la science qui pour le coup va nous être utile. Tout ce que la biologie et la psychologie nous ont appris nous permet de mieux comprendre aujourd'hui la dynamique des comportements. Nous commençons à comprendre les comportements animaux, en particulier ceux des animaux supérieurs et nous voyons combien il y a de points communs entre ce monde animal dont nous sommes et le nôtre.

Prenons un exemple : l'évolution a développé au sein du monde animal des stratégies visant à réduire l'agressivité, que nous serions bien inspirés de prendre à notre compte, nous qui sommes l'une des espèces les plus agressives de la création[12]. Tout cela sont des apports nouveaux. On doit prendre en compte tout ce que l'on sait maintenant et que l'on ignorait autrefois, d'où des visions et des jugements différents sans que pour autant la loi morale ne soit en rien remise en cause, telle que la résume la fameuse règle d'or : « Fais aux autres ce que tu voudrais qu'ils te fassent[13]. »

Rachel : Vous citez Lao Tsé dans la culture du taoïsme, y a-t-il quelqu'un dans l'histoire chrétienne qui a, malgré le contexte, réalisé cette unité profonde ?

Jean-Marie : Saint François d'Assise. Il a marqué une rupture importante au Moyen Age en développant le cœur et pas l'intellect. Les concepts, le droit, les lois, ce sont les armes de l'intellect, donc, du cerveau gauche. Trop souvent elles ne parlent pas au cœur et l'étouffent. Le cœur, c'est la sensibilité, l'intuition, l'empathie, la sympathie, les affects, la chaleur humaine. Ces valeurs sont peu présentes dans notre représentation occidentale.

---

12. J.-M. Pelt et F. Steffan, *La loi de la jungle : l'agressivité chez les plantes, les animaux et les humains*, Fayard, 2003.
13. Cf. Matthieu 13-2.

Elles constituent par rapport à l'intellect, certes nécessaire pour fonder le discernement, l'autre pôle de la vie.

Dans la vie ecclésiastique trop souvent le devoir d'obéissance, lorsqu'il est porté au rang des grandes vertus cardinales, brise les attaches naturelles et porte de terribles coups à des personnes dont il contrarie parfois gravement l'épanouissement. Il n'est plus possible aujourd'hui de ne pas prendre en compte les aspirations naturelles et les charismes personnels comme on le fait si souvent encore dans le monde ecclésiastique où sévissent toujours la froideur des ordres venus d'en haut, les mutations brutales voire de cruelles humiliations. Exercer le pouvoir en s'appuyant sur le devoir d'obéissance est un exercice difficile qui demande beaucoup de cœur de la part de ceux qui l'exercent !

François d'Assise avait sans doute trop de cœur pour cela, d'où sa douloureuse éviction de la tête de l'ordre qu'il avait fondé ! Son mérite premier est d'avoir témoigné d'une autre approche de la nature et de l'humain, plus sensible à l'émotionnel et à la beauté. Il ne procédait pas par arguments rationnels, mais par intuitions directes. François n'a pas eu, me semble-t-il, l'influence qu'il aurait dû avoir en Occident.

Je pense qu'ensuite Descartes, Malebranche et d'autres ont cassé cette vision enfermant à nouveau l'homme sur lui-même et le coupant de la nature et de la création. Pascal lui-même se disait effrayé par les espaces infinis du cosmos. La contemplation de la voûte étoilée lui inspirait de l'angoisse. Il fallut attendre le romantisme pour voir cette sensibilité ressurgir.

Alphonse : Saint François d'Assise, mais aussi tous les vrais mystiques dignes de ce nom, expérimentent l'intuition fondamentale de Lao Tsé et du taoïsme, ce qu'ils appellent le « Non-Agir ». Le Frère Célano, biographe intime de saint François, dit de lui qu'il était si totalement et à chaque instant à l'écoute de Dieu, que Celui-ci le conduisait directement. François était à ce point dans l'abandon (le « Non-Agir ») qu'il devenait conforme au Christ et qu'il Le laissait agir en lui.

Rachel : Vous faites une différence entre l'homme du cœur et l'homme de l'intellect. Effectivement, pour nous orthodoxes, l'homme qui entre dans sa véritable identité, c'est l'homme dont l'intellect est uni au cœur. L'intellect seul devient une intelligence rationnelle, donc dure, qui juge, et l'homme du cœur seul, risque d'être un sentimental qui sera ballotté par toutes les émotions ; ce qui lui aurait fait plaisir aujourd'hui sera faux demain. Dans notre spiritualité, il est très important que l'intellect et le cœur fassent un. L'intellect est la lumière du cœur.

Jean-Marie : Il y a des gens qui ont les deux. Je pense à tel ami qui allie cette capacité remarquable de faire fonctionner en symbiose le cerveau droit et le cerveau gauche, l'intellect parce qu'il est un des scientifiques les plus brillants que je connaisse et le cœur parce que c'est aussi un grand poète. Mais il y a très peu de gens qui réussissent cette improbable symbiose.

Ce que nous disions à l'instant sur saint François d'Assise est tout à fait d'actualité parce que nous sommes en train de redécouvrir une sensibilité nouvelle par rapport à la nature, au monde animal, aux plantes, aux jardins... dont le monde moderne nous a séparés. On souffre inconsciemment ou consciemment de cette coupure. Elle est immense chez les jeunes bardés de technologies et hermétiquement musicalisés dans leurs baladeurs. Et paradoxalement, ce sont ces mêmes jeunes qui s'inquiètent des pollutions et de la dégradation de la planète. C'est peut-être le seul domaine où leur sensibilité rejoint celle de nombreux adultes. Or les Églises – ô combien timidement pour l'Église catholique – commencent à émettre des messages sur ces questions : mais si tout à coup les Églises employaient un langage fort sur la sauvegarde de la création, elles se trouveraient alors en plein accord avec cette sensibilité nouvelle, aujourd'hui si largement répandue. Et cet accord se situerait en deçà du débat sur la modernité, permettant un réel consensus sur ces valeurs partagées par le plus grand nombre.

Je suis frappé par exemple de voir combien la sensibilité pour le règne animal s'est développée. On ne peut plus dans les labos découper les animaux comme autrefois. La vivisection, c'est l'horreur. On cherche des modèles pharmacologiques sur des tissus ou des cellules qui permettent de ne plus avoir recours aux animaux de laboratoires. On ne supporte plus que les poulets soient tellement serrés les uns contre les autres, qu'ils n'aient pas un minimum d'espace vital. Il y a une prise de conscience de la nécessité de protéger les êtres vivants, animaux et végétaux en voie de disparition. On sauve les oiseaux mazoutés victimes des marées noires. Bref on développe une forte empathie avec l'ensemble de la création.

Sur tous ces terrains il y a une forte disponibilité des opinions publiques. Si les Églises s'engageaient sur ce terrain, elles trouveraient l'oreille de l'opinion qui reconnaîtrait là un message moderne, un message pour notre temps. Et les Églises trouveraient là un point de rencontre possible avec les jeunes générations. Or, malheureusement, le catéchisme de l'Église catholique est muet sur ces questions !

Alphonse : On dirait qu'il y a une relation directe entre l'éloignement des institutions ecclésiales et cet exode, ce rush vers la nature. Les grandes cités se vident pendant les week-ends, on va dans les nouvelles cathédrales que sont les forêts et on y écoute le chant de la création... On se réfugie là pour justement laisser rayonner la part d'inconnu en soi, cette nostalgie d'autre chose dont la nature est le reflet. La nature a un effet miroir et met en contact immédiat avec soi. Elle est une Bible ouverte qui apprend aux hommes que la vie est aux antipodes de tous les dogmatismes...

Jean-Marie : Ah oui... Et les dogmatismes ne sont pas le propre des Églises. La science aussi a ses dogmes. Jeune étudiant, j'avais assisté à la faculté de pharmacie de Nancy à une conférence extrêmement brillante du Professeur Delsol qui faisait une apologie très documentée et fort démonstrative du néodarwinisme. Je suis sorti de la conférence complètement convaincu et donc darwinien. J'avais désormais le « truc » du comment marche la vie. Et puis au fil des années ces convictions se sont érodées au fil de la réflexion et des lectures jusqu'à ce qu'un ouvrage récent de Delton leur porte un coup fatal[14]. Certes je ne nie pas que le darwinisme ne porte une part de vérité. Mais une part seulement et selon moi, une toute petite part.

Je suis devenu maintenant très réticent par rapport à ce qu'on pourrait appeler la « dogmatique scientifique ». La science se nourrit de paradigmes qui, à un moment donné de l'histoire, occupent toute la scène : aujourd'hui c'est en biologie la primauté absolue du gène et de la sélection naturelle. Ces paradigmes sont alors présentés comme des dogmes définitifs. Puis surviennent de nouvelles données expérimentales qui finissent par mettre à mal les paradigmes régnants : c'est ce qui s'est produit en physique avec l'émergence de la physique quantique. Par rapport à la biologie, je me suis peu à peu distancé du paradigme régnant. Et d'ailleurs le dogme du tout génétique commence à être remis en question.

Je n'aurais plus l'idée de dire aujourd'hui « la science, c'est la vérité », comme je l'ai cru durant la première période de ma carrière scientifique. Je préférerais dire : c'est l'état actuel de nos connaissances, telles que nous nous les représentons aujourd'hui. Pendant dix-sept siècles, la médecine occidentale a vécu du « canon » de Galien, la fameuse théorie des quatre humeurs, correspondant aux quatre éléments. Qu'en reste-t-il aujourd'hui ? Il en sera sans doute de même, dans le futur, du canon actuel du tout génétique. Bref, je porte aujourd'hui sur la science un tout autre regard, critique et distancié, aux antipodes des représentations scientistes à nouveau si puissantes de nos jours.

Et pourtant, vous y verrez peut-être un paradoxe, la science continue à me passionner ! Mais je la confine dans son domaine qui n'est pas le tout de la vie, le tout de ma vie. Ses apports sont incontestables et en certains domaines décisifs. Et pourtant elle ne répond à aucune des questions existentielles que nous nous posons depuis que le monde est monde : qui sommes-nous ? Où allons-nous ? La fameuse question du sens sur lequel elle est

14. Mickaël Delton, *Évolution, une théorie en crise*, Flammarion, 1992.

muette. Si elle nous questionne et nous interpelle, car c'est son rôle, elle n'apporte aucune réponse.

Relisant hier soir la première épître de saint Jean, je l'ai trouvée exactement aussi fraîche que lorsque je la découvris à vingt ans durant mes études de pharmacie. En fait, je l'ai trouvée encore plus belle, peut-être parce que ma sensibilité et mon cerveau droit se sont développés au fil des années. Par rapport à cette extraordinaire « ode » à l'amour, j'éprouve un sentiment de pleine adhésion que rien ne peut remettre en cause. Saint Jean, dont j'ai l'honneur de porter le nom parle directement au cœur, il touche l'homme à un niveau de profondeur où la science ne peut aller et où ce n'est pas son rôle d'aller, ce que personne d'ailleurs ne lui demande.

Ainsi coexistent en se complétant deux ordres de réalité : ce qui relève de la science et qui sans cesse est remis en cause par de nouvelles découvertes et ce qui relève de la foi et nous touche à ce degré de profondeur où nous sommes reliés à l'infini, à l'indicible, à l'ineffable. Je pense donc exactement le contraire de ce qui se dit et se répète : que la science érode et détruit le contenu de la foi. Pour un croyant et quelle que soit sa religion, la science n'a aucune prise sur le contenu de la foi. Elle l'invite simplement à la positionner au plus juste dans la culture de son temps.

Alphonse : Il est évident que personne n'a la vérité. La vérité est de type métaphysique, la science est une approche de cette réalité et la conscience en est une autre. Si on écoutait Rabelais : « Science sans conscience n'est que ruine de l'âme », cette approche devrait faire fonctionner les deux cerveaux à la fois ! Ce serait une approche globale, parce que l'homme est un tout. Par là, on découvrirait peut-être que la Vérité c'est Quelqu'un et qu'on peut entrer en relation vivante avec Lui. Cette Présence va se dire alors à travers notre regard contemplatif et pas seulement scientifique. Tout est dans la relation de sujet à sujet, non de sujet à objet ou lois.

Jean-Marie : Hélas, nous sommes à nouveau dans une très forte période de scientisme, où les réalités scientifiques sont assénées comme des vérités éternelles, bien que discutables et sans cesse remises en cause par l'amoncellement de faits qui viennent les contredire. On le voit bien par exemple avec l'amorce d'un recul par rapport au fameux tout génétique qui sévit depuis trente ans. Face à cela, l'attitude logique serait une grande modestie. On pourrait donc imaginer que confrontés à des faits qui ne rentrent pas très bien dans les théories en vigueur, les scientifiques se ressentent modestes et donc ouverts à des approches nouvelles. Or c'est rarement ce qui se produit. Les faits dérangeants pour la théorie sont occultés, voire niés. A moins qu'on applique ce que le grand paléontologue américain Stephen Jay Gould, aujourd'hui disparu, appelait la technique du chausse-pied : on force les faits à entrer dans la théorie comme le pied dans une chaussure trop petite en forçant sur le chausse-pied ; on pousse, on pousse pour que le pied entre absolument dans la chaussure, parce que la vérité ne peut être démentie, c'est un dogme. Aujourd'hui livres et articles s'amoncellent qui remettent en cause les dogmes darwiniens. Mais malheur au jeune chercheur en début de carrière qui oserait les reprendre à son compte !

Alphonse : Le physicien américain Capra, qui a écrit *Le Tao de la physique*, montre par exemple qu'une particule n'a pas le même comportement devant un savant qui a la foi et devant un savant qui n'a pas la foi[15]. Cela prouve bien que tout se joue dans la relation, que la vie est vivante pour un vivant et qu'elle échappe complètement à une recherche objectivante ! Bien avant Capra, le grand physicien de l'atome, Weizecker, a fait la même découverte. Il s'est alors mis sous la guidance de Graf Dürckheim pour apprendre à méditer et à découvrir ainsi une relation d'intériorité avec la matière. A partir de là déjà commence à naître dans la conscience de quelques grands savants, qu'en fait, il n'y a pas d'objectivité, rien n'est extérieur, et qu'il nous appartient, grâce à notre chemin spirituel, de faire du dehors un dedans...

Jean-Marie : C'est aussi ce que disait Lao Tsé.

15. Fritjof Capra, *Le Tao de la physique*, Tchou, 1999.

Les Béatitudes
ou
Comment être heureux dans les adversités

Alphonse : L'homme s'inscrit dans le temps, il a une dimension horizontale liée au temps ; par définition il vieillit et il meurt. Simultanément, il a une dimension de mystère, la verticale qui, elle, n'est pas liée au temps. Il y a dans l'homme l'Au-delà au fond de lui-même, une dimension qui est au-delà de l'espace et du temps et qui ne peut vieillir. C'est sa dimension spirituelle. Tout ce qui touche à l'essence de la Tradition et à l'expérience mystique ne peut vieillir. Ce qui a été écrit il y a quatre mille ans est toujours aussi actuel, puisque cela touche à ce que je suis en réalité, dans ma profondeur. Tandis que la dimension institutionnelle, horizontale, elle vieillit. Je crée une institution aujourd'hui, demain, elle aura déjà de l'âge et elle commencera à courber l'échine sous le poids des ans...

Jean-Marie : La partie qui ne peut pas vieillir prend avec l'âge une part de plus en plus importante. Comment exprimer cela ?... Au fur et à mesure que s'affirme le vieillissement du corps, je sens en même temps que cela se détache de moi, parce que la partie qui ne peut pas vieillir est bien là, elle aussi. Elle n'est pas impliquée dans le vieillissement du corps. Je ne ressens pas les petits ennuis qui accompagnent ce vieillissement comme des événements très importants. Mais là, il faut bien se garder de crier cocorico. Nul ne peut prévoir comment il réagirait à la souffrance. Pourtant, ce qui me paraît important, c'est la jeunesse de mon cœur quand je lis saint Jean ; je me sens alors dans la justesse et dans la joie.

Rachel : Cela nous conduit à faire la différence entre le vrai corps de l'homme et ce que la Bible appelle la « tunique de peau ». C'est merveilleux de pouvoir prendre conscience de cela, parce que Dieu nous a créés pour vivre, non pour mourir. C'est à cause de la rupture originelle, au moment où le cerveau s'est séparé du cœur que la mort est entrée en nous. Ce qui meurt, c'est bien notre vêtement de peau, et non pas notre vrai corps.

Jean-Marie : Je suis Scorpion, un signe que la tradition astrologique relie à des expériences de morts et de résurrections. J'ai fait de telles expériences et j'en ai porté témoignage dans un livre[16]. Dans les périodes de grandes détresses émerge mystérieusement quelque chose de neuf et d'inconnu qui est de l'ordre de la vie éternelle. A chaque mort succède une résurrection.

Rachel : Plus mon vêtement de peau se dégrade, plus je sens qu'il y a la vraie vie qui coule en moi...

Alphonse : Ce sont les écorces qui s'en vont. En dessous, il y a le renouvellement de la vie. C'est l'histoire de la chrysalide qui devient papillon. Dans la Genèse, quand les premiers humains entrent en rupture avec Dieu, Dieu qui est un amoureux fou de l'homme, ne les laisse pas errer. Il les cherche et leur propose un chemin de retour. Pour accomplir ce chemin, Il leur donne ces « tuniques de peau ». Celles-ci ne sont pas seulement notre corps extérieur mais toute la vie biologique. La tunique de peau, la vie biologique, nous est donnée comme chemin de retournement. Par le travail sur nous-mêmes, le chemin spirituel, de mort en mort, nous sommes en train de ressusciter...

J'aimerais, pour mon compte, que ce ne soit pas successif. Vous dites : « A chaque mort succède une résurrection », j'aimerais dire plutôt que la mort contient déjà la vie. Le Christ n'a pas écarté la mort pour mettre la vie à

16. J.-M. Pelt, *Le jardin de l'âme*, Fayard, 1998.

sa place. Il entre dans la mort et c'est la mort elle-même qu'Il transforme en vie, c'est la mort qui devient la vie. Nous chantons cela pendant des heures durant la Nuit pascale. Il y a une succession, si on veut, dans le temps mais dans le fait, dans la réalité, c'est la mort qui contient la vie. Cela est très important parce que nous sommes là au cœur de notre quotidien, ce n'est pas de la théorie. Concrètement, quand on est dans un marasme comme celui auquel vous faites allusion, et chacun traverse les siens, est-ce que ce n'est pas en allant dedans, en acceptant l'inacceptable, en allant à l'intérieur de ses morts qu'on découvre la vie, et non en attendant que cela succède ?...

Jean-Marie : Le moi insensiblement s'abîme en Dieu. Au fur et à mesure qu'il perd ses plumes, il s'abîme en Dieu.

Alphonse : Votre moi s'érode à propos de ces épreuves...

Rachel : Qu'est-ce à dire : s'abîmer en Dieu ?

Jean-Marie : Sans doute ce que Thérèse d'Avila appelait des « faveurs ». Des moments privilégiés avec un sentiment d'harmonie totale. S'abîmer en Dieu c'est tout d'un coup être en fusion, dans une joie et un amour immenses. On ne manque pas de se dire alors : « C'est dommage que je ne reste pas comme ça longtemps. Si j'étais dans cet état tout le temps, ce serait formidable. » C'est une communication tout à coup très pleine avec le divin. Je suppose que c'est l'union mystique, je ne sais pas comment les Pères de l'Église ont qualifié cet état-là ; on est dedans et on voudrait y rester.

Alphonse : Quand ce petit moi s'écroule, que l'on est éprouvé comme le métal au feu, on a l'impression, comme vous le laissez entendre, qu'il y a un renouvellement de l'être. C'est un renouvellement profond dont l'homme est capable. La résurrection est vraiment à l'œuvre dès maintenant, saint Paul le laisse entendre. Nous sommes déjà des ressuscités.

Jean-Marie : Oui, et ce sentiment de vie éternelle, je l'ai eu toute ma vie. A travers tous les avatars, la vie obstinément demeure, parce qu'elle est éternelle.

Alphonse : De ce qui nous agresse, de ce qui nous est contraire et de ce qui nous éprouve peut sortir un « plus-être ». Le négatif peut accoucher du positif. Comme dit encore saint Paul : « Tout concourt au bien de ceux qui aiment Dieu. » C'est cette « folie » dont parle saint Paul, la folie de la croix qui est la sagesse qui trompe tous les sages de ce monde, parce qu'elle est à l'envers de ce qu'on peut s'imaginer. C'est simplement la folie de l'amour, parce que l'amour n'existe qu'en étant fou. Il est toujours fou, sinon il n'a pas d'existence. Comme il est sans condition, sans limite, il ne dit jamais « c'est assez ». C'est comme le feu, il fait craquer toutes les frontières, toutes les barrières et se trouve dans une dimension d'inattendu, d'imprévu...

Rachel : Tout est dans le motif pour lequel on vit, dans ce qui oriente une existence en profondeur. C'est un choix toujours repris et approfondi...

Jean-Marie : L'idée qu'on puisse faire des choix de vie m'agite pas mal. Je me dis souvent : « Quel choix as-tu fait vraiment ? » Il est extrêmement difficile de démêler la part du libre arbitre et la part du dessein providentiel. Je crois bien sûr au libre arbitre : la vie est faite de choix successifs mais qui en fait s'inscrivent dans un destin. J'ai l'impression que ma vie a été conduite et en quelque sorte menée d'étape en étape. Il me semble qu'elle se serait déroulée autrement si j'en avais été le seul maître. Mais voilà, on n'est pas seul. Il y a Celui que nous appelons Dieu et que d'autres nomment le destin. Certains pensent qu'ils mènent leur vie comme un général mène ses troupes, avec la capacité de maîtriser tout jusqu'au moindre détail. Or on ne maîtrise pas tout et beaucoup de choses doivent être accueillies sans être d'abord maîtrisées.

Rachel : Je crois que c'est une attitude de vie fondamentale. Oui, on est conduit, mais seulement si c'est le choix profond et décisif de notre liberté de se laisser conduire, d'épouser le réel, de ne pas aller à contre-courant par une mainmise quelconque...

Jean-Marie : Si je veux aller à contre-courant, je vais à l'échec. Cela m'est arrivé quelquefois. Le mauvais choix, celui qui n'est pas conforme au dessein général, est immédiatement sanctionné. Il faut se laisser mener, en trouvant en cela sa plus grande liberté.

Alphonse : Je crois que nous retrouvons une fois de plus ici un fond commun des grandes Traditions. Tout à l'heure, vous avez cité le maître-fondateur du taoïsme, Lao Tsé. Il a laissé un aphorisme absolument extraordinaire, qui rejoint l'attitude du disciple chrétien en son noyau même. Lao Tsé définit la Sagesse comme la « suprême docilité à être le jouet des circonstances fortuites. Voilà pourquoi le Sage est capable d'accomplir les grands desseins du "Non-Agir" ». Cette attitude n'est pas du tout une espèce de passivité, c'est au contraire la plus haute action à laquelle l'homme puisse parvenir, c'est vraiment entrer en alliance avec la volonté de Dieu, épouser le réel au coup par coup, découvrir et approfondir sans cesse le grand « oui » à la Vie.

Jean-Marie : La réalité est absolument mouvante. Je trouve peu pertinent dans notre vision occidentale cette impression que tout est réglementé, régenté, codifié. Dans toute vie, il y a toujours une part d'imprévu, de non choisi, d'événementiel. Sans cesse surgissent des situations nouvelles par rapport auxquelles aucune loi, aucun règlement ne dictent une issue qui serait en quelque sorte automatique. C'est pour cela que les consciences doivent être éduquées ; seule une conscience éclairée, formée au discernement, permet de faire face au flux de l'événementiel.

Alphonse : Comment apprendre à devenir un avec ce qui est ? Ce qui fausse tout, c'est notre rébellion, c'est notre refus, ce dualisme dans lequel on se jette soi-même, on prend ses distances face à ce qui est. La réponse qu'offre la Sagesse, c'est de devenir un avec la réalité de l'instant pour qu'il n'y ait pas ces distorsions. Apprendre la confiance, c'est se « fiancer » avec la réalité, l'épouser, ne plus avoir ces résistances face à ce qui arrive.

Jean-Marie : Mesurons à ce stade de notre conversation combien nous sommes loin de la culture actuelle. Celle-ci donne à tout moment le sentiment que c'est moi qui décide, que je fais ma vie à ma guise, que je prends mes décisions, que je fais mes choix, bref que je suis vraiment très important. L'autre n'existe que s'il entre dans mon jeu, qu'il m'est « utile ». Mais malheur à lui s'il ne l'est plus.

Alphonse : Vite que je fasse des stages de « développement personnel » pour engraisser mon petit moi...

Jean-Marie : Et de la gymnastique pour perdre des kilos, ce que je fais d'ailleurs. De toute manière ce qui est dit dans les Béatitudes va spectaculairement à l'encontre de ce que pense le commun des mortels, qui fait sien cet adage qu'il vaut mieux être riche et bien portant que pauvre et malade.

Rachel : Vous revenez aux Béatitudes, c'est le message qui vous tient le plus à cœur ?

Jean-Marie : Elles répondent à ce qu'est la réalité de la condition humaine qui n'est pas du tout celle qu'on nous présente à la télévision. La télévision est une transcription virtuelle de la réalité humaine. C'est un monde qui en fait n'existe pas, un monde par exemple où il n'y a pas de vieux. Tandis que les Béatitudes saisissent la réalité humaine dans sa vérité profonde, elles nous apprennent comment vient la joie... La joie ne vient pas des satisfactions de l'ego mais de la joie qu'on donne aux autres et qu'on partage avec eux. On peut être joyeux même quand on pleure.

Alphonse : Tout est contradictoire dans les Béatitudes. Elles décrivent des situations irrecevables : être pauvre, pleurer, être affligé, persécuté et quand même être heureux, heureux, heureux... Tout homme cherche à être heureux et chacun a ses motifs pour l'être. Dans la dernière Béatitude, le Christ donne à ses disciples l'unique motif pour lequel, dans les pires situations, il peut être heureux : c'est « à cause de Lui ».

Jean-Marie : C'est énigmatique, pourtant c'est le cœur de l'Évangile.

Alphonse : Si on voit dans les Béatitudes un portrait de Jésus se décrivant Lui-même, on y découvre quelque chose du mystère du Christ auquel nous devons ressembler, parce que notre Chemin est un Chemin qui va de l'image à la ressemblance et que le Christ est notre prototype. Les Béatitudes sont notre vraie charte de vie...

Jean-Marie : Elles nous prennent complètement à rebours par rapport à ce que notre moi voudrait que les choses soient. Ce retournement intègre en fait tout ce qu'il y a d'insuffisance et de souffrance dans la condition humaine. Dans le Christ, aucune situation n'est désespérée. Est-il d'ailleurs si sûr qu'on ne puisse être tout à fait heureux que lorsqu'on est à la fois riche et bien portant ? Même riche, même bien portant, on vieillit et on meurt. Il manque donc toujours quelque chose. Ce quelque chose, c'est ce qui nous comble, l'amour dans le Christ.

Rachel : Il y a dans l'homme une soif d'absolu. Rien de relatif, aussi riche que ce soit, ne peut y répondre. Quelles que soient les choses dont on se gave ou s'entoure, rien ne répond tant qu'on n'a pas trouvé ce « à cause de moi », le Christ Lui-même, seul motif de vie. Ne pas chercher ses motifs dans les choses, les événements, les situations, les satisfactions extérieures, mais en Lui. Lui seul est la source de notre joie...

Jean-Marie : Il y a de ces pirouettes étonnantes où tout à coup, lorsque telle situation paraît, on a l'impression qu'Il vient vous tirer par la peau du dos et vous remettre d'aplomb. Cela m'est arrivé quelquefois. Dans telle situation, tout à fait insupportable, la Providence fait un coup à sa manière, et le petit Jean-Marie est de nouveau sur ses pattes. L'impression prévaut alors qu'on n'est jamais abandonné. Dans des circonstances extrêmement difficiles, il y a des interventions directes, vertigineusement efficaces qui vous remettent d'aplomb[17].

Alphonse : Est-ce que ce n'est pas dans ces situations vraiment extrêmes, ultimes, qu'on se lâche complètement, qu'on ne s'appuie plus sur ses propres ressorts ? On est, dans de telles situations, obligé de faire confiance à Quelqu'un d'autre.

Jean-Marie : On l'est certainement, quand tout semble hermétiquement fermé. On ne peut plus faire confiance à ses propres forces, parce qu'elles ont fait la preuve de leur parfaite inefficacité. Donc ce qui peut advenir ne peut venir que d'ailleurs, et cela advient !

Alphonse : Est-ce que vous croyez que les Béatitudes peuvent être aussi une charte pour une collectivité, donc un moyen social et même politique ? Il me semble que Mitterrand avait comme idéal les Béatitudes. Il a dit au départ qu'elles étaient son programme social ! Mais bien d'autres encore, tel Gandhi, Fedorov, de Gaulle, Garaudy...

Jean-Marie : Cela pose la question de l'histoire du christianisme. Le christianisme dure depuis deux mille ans. Il a très brillamment réussi à travers un grand nombre de personnes, saints connus et inconnus, dont il a littéralement transformé la vie, nous offrant ainsi d'innombrables modèles d'humains « réussis ». Si, en revanche, on considère l'aspect social et institutionnel, on ne peut pas dire que le christianisme ait réussi de la même manière. Les nations chrétiennes n'ont cessé de se faire la guerre et, pire encore, les religions chrétiennes aussi. Sur le plan collectif, il faut se poser cette question : comment se fait-il que le christianisme, qui a si brillamment réussi dans le cœur d'un saint François d'Assise, n'a pas réussi à faire un monde un peu moins agressif que celui dans lequel nous vivons ? Comment se fait-il qu'après vingt siècles, nous soyons encore engagés dans une véritable course de vitesse entre l'émergence très

---

17. Cf. J.-M. Pelt, *Le jardin de l'âme*, Fayard, 1997.

lente d'une conscience collective qui se manifeste par exemple dans l'organisation de la communauté internationale et en même temps, en parallèle, une course frénétique aux armements et aux moyens de destruction massive ?

Les nations sont toujours prêtes à en découdre même si l'une d'elles, les États-Unis, semble devoir dominer toutes les autres. Les États-Unis, bien plus que nous, se disent une nation chrétienne. Mais quelle image donnent-ils du christianisme, en le liant si étroitement au dollar, en suscitant dans le monde entier une culture éminemment matérialiste basée sur la concurrence et le profit, en inondant les écrans d'images agressives et violentes ? Nous sommes, comme aimait le dire le regretté Théodore Monod, une espèce effroyablement agressive, plus sans doute qu'aucune autre espèce animale. L'histoire de l'humanité déroule le long cortège des guerres et des bains de sang. Voyez la télévision ou bien, dans les divertissements, on bêtifie tous ensemble dans une sorte d'allégresse perpétuelle où l'on s'applaudit frénétiquement entre soi ou bien on s'agresse et on s'entretue à longueur de soirée. Restent les débats et la téléréalité si prisée aujourd'hui où les moi-je se mettent en scène, se confrontent, s'affrontent et s'excluent sans pudeur. Où sont les valeurs chrétiennes dans tout cela ? Après deux mille ans de christianisme, c'est l'agressivité qui tous les jours triomphe partout. En fait, il serait plus exact de dire que c'est elle qui est valorisée, promue, mise en avant par une culture qui s'en délecte et qui est précisément la culture des nations dites chrétiennes. Quel échec !

Rachel : Ce n'était pas mieux à l'époque de la chrétienté lorsque toutes les structures étaient chrétiennes.

Jean-Marie : Non, ce n'était pas mieux. A l'époque de la chrétienté, les nobles et les souverains guerroyaient sans arrêt. Le christianisme a suscité les plus brillantes réussites individuelles, mais pas de réussite collective. Mais peut être est-ce encore trop tôt, même si d'aucuns pensent qu'il est déjà trop tard.

Alphonse : Est-ce que cela veut dire que notre espérance se trouve justement dans la personne, dans l'initiative personnelle, de l'individu ? Le phénomène personnel appelé François d'Assise, c'était aussi une révolution sociale, politique, ecclésiale, alors qu'il ne travaillait que sur sa propre personne ! Saint François a miné le système social de son époque, y compris l'Église, de l'intérieur. Il a transformé les institutions en place comme aucun réformateur n'a su le faire, simplement en leur inoculant le germe du grand bouillonnement évangélique. Sa manière d'être personnelle a injecté dans les systèmes corrompus un nouvel éclairage qui change tout. D'après les leçons de l'Histoire, les plus subversifs ne sont pas les stratèges et les politiques, ceux qui s'en prennent ouvertement aux structures en place, mais ceux qui se livrent bataille à eux-mêmes.

Jean-Marie : Il y a de grandes personnalités qui ont eu un impact dépassant largement leur propre conversion intérieure, ce fut le cas de saint François, ce fut aussi celui de Robert Schuman, en instance de béatification. Il est parvenu quelques années seulement après la Seconde Guerre mondiale à réconcilier les ennemis héréditaires : la France et l'Allemagne. Ancré dans une expérience chrétienne profonde, il a fait bouger les choses en mettant en route le processus de l'intégration européenne. Et pourtant de tels exemples sont rares. Si les saints qui ont porté jusqu'à l'héroïsme la vertu de charité sont légion, ceux qui ont pesé de façon décisive sur les structures institutionnelles sont rares.

Le fait me semble directement liée à la notion de pouvoir. Il faut avoir du pouvoir, au moins un peu de pouvoir pour faire bouger les choses. Or l'Évangile est étranger à la notion de pouvoir. Le pouvoir qu'on lui offrait, celui de devenir le roi d'Israël, Jésus l'a refusé. Il n'y a pas dans l'Évangile la notion de pouvoir dans le sens ordinaire de ce terme. Or, dès que l'on est dans la sphère institutionnelle, la notion de pouvoir s'impose immédiatement comme la réalité première. On se bat pour le pouvoir, pour l'acquérir, le conserver. L'Évangile n'est pas de cet ordre-là. Il ne s'est pas compromis avec les pouvoirs de ce monde. C'est peut-être la raison pour laquelle Dieu et César seront toujours distincts. Tout au plus pourra-t-on espérer convertir César. Mais on se souvient que saint Louis, pourtant un grand saint, causa bien des soucis au pape. En fait le royaume de Dieu n'est pas de ce monde, et la christianisation des pouvoirs reste une question ouverte qui ne sera sans doute jamais résolue.

Rachel : L'Évangile n'est pas une politique. Si le monde en est là, c'est parce que, chacun pris séparément, ne vit pas le christianisme jusqu'au bout. L'engagement n'est pas total. S'il est total, il conduit jusqu'au martyre. Il y a trente-six mille formes de martyres. « Prends ta croix et suis-moi. »

La Bible revient souvent, déjà dans l'Ancien Testament, sur la notion de « petit reste » comme ferment. Ensuite Jésus parle dans l'Évangile du levain dans la pâte, du grain de sénevé qui peut devenir un grand arbre, mais c'est toujours à partir d'un germe, quelque chose de minuscule qui peut grandir. Cependant il faut que cela s'enracine dans le cœur de l'homme, car « le Royaume des cieux est au-dedans de vous »...

Cela suppose un engagement. Mais l'engagement est un appel à notre liberté personnelle. Ce n'est pas le système comme tel qui se convertit...

Dans l'Apocalypse actuelle

Jean-Marie : Que le christianisme transformerait l'humanité en une communauté rayonnante et fraternelle, ce n'est pas ce que dit l'Écriture. Il y a l'Apocalypse à la fin du Nouveau Testament, c'est un état de fait permanent ; c'est l'état ordinaire de ce monde.

Rachel : Je frémis à la parole du Christ qui demande s'il trouvera encore la foi lors de son retour !

Jean-Marie : Pourtant c'est ce qu'on voit se dessiner dès à présent. La foi ne pèse plus lourd dans le monde moderne sécularisé. Je conçois très bien qu'on puisse imaginer un dépérissement de la foi encore plus important. Les jeunes, dans leur immense majorité, vivent en dehors du christianisme. Cela m'interpelle très vivement. La foi musulmane est tellement plus forte.

Rachel : On n'en donne pas envie !

Jean-Marie : Il m'arrive de me poser la question : « Est-ce que les chrétiens ont encore la foi ? » La foi sociologique des anciennes générations s'éteint avec elles. Elle n'est plus transmise. Le catholicisme des années 1930, celles de ma jeunesse, s'éteint au rythme des avis mortuaires paraissant dans les journaux. On enterre les vieux cathos, mais on n'en fait pas d'autres... ou si peu. Les prêtres se font rares, les églises se vident, les congrégations, faute de vocations, bradent leur patrimoine immobilier. Face à ce déclin massif et rapide, que pèsent les nouvelles communautés ? Quelles moissons porteront ces germes ? On s'interroge...

Rachel : L'Occident a été pourri par les biens matériels. Mais quand on va en Égypte, en Afrique ou en Amérique du Sud par exemple, on est bouleversé par la foi enthousiaste des chrétiens. Les églises y sont remplies, aussi, en pleine semaine, la foi c'est le tout de leur vie...

Jean-Marie : Dans le monde musulman aussi. Peut-être la foi reviendra-t-elle par l'Afrique en effet. Il n'est pas inimaginable que dans quelques décennies, nous ayons à accueillir chez nous des missionnaires africains qui tenteront de nous christianiser.

Rien de tout cela n'est en contradiction avec l'Écriture. N'oublions jamais que nous ne sommes qu'à une étape fugitive de l'histoire. L'avenir s'ouvre sur tous les possibles.

Alphonse : Je crois que le Christ a donné un sens à ce que nous décrivons. En vivant sa Pâque, il l'a introduite dans le temps. On peut dire qu'à travers nos grandes misères et ces souffrances apocalyptiques, c'est le Christ qui continue sa Passion. Nous vivons un temps résurrectionnel. Au milieu de tous ces grands bouleversements, il ne faut pas désespérer. Quand le Christ parle en langage apocalyptique devant tous ces désastres, il dit « redressez la tête », parce que ce qui est à l'œuvre, c'est un enfantement, une « terre nouvelle ». Tout est en train de se renouveler, donc de ressusciter. Le véritable disciple, qui a quitté cette espèce de religiosité ne menant à rien, a cette attitude de vie au cœur même de ce qui ne va pas humainement.

Voilà les Béatitudes : alors que tout est à l'envers, il vit à une profondeur de joie qui est la présence du Christ Lui-même. C'est Lui qui conduit l'histoire, la sienne et l'histoire universelle, vers la Source qui est le Père. Si on n'a pas cette perspective très ouverte, on devient suicidaire. On a tous les matins les bras en croix sur son journal, on est crucifié littéralement par les désastres de ce monde... Une lecture horizontale me laisse impuissant et déprimé. Je ne dois pas oublier que je suis prophète par mon baptême et que j'ai donc en moi la grâce, la capacité de lire les événements dans leur verticalité intérieure. Et là je sais, de certitude de foi, qu'à travers tout ce qui arrive le Christ est à l'œuvre pour libérer l'homme et lui ouvrir un avenir radicalement nouveau...

Jean-Marie : C'est certain et c'est là que je mesure physiquement la distorsion qui existe entre la vision évangélique de l'être humain et la vision que nous en donne la société contemporaine. Elles sont totalement contradictoires. Les médias, nous l'avons dit, ce n'est pas l'amour, c'est l'agression. Les gens se parlent durement, sèchement, pas un geste, pas un mot de délicatesse ou de tendresse, hormis le rituel « je t'aime », « moi aussi je t'aime »... des amours qui durent si peu ! Nous véhiculons partout des visions sur les relations humaines extrêmement dures. Tout le monde « se bat », les « luttes » sont le pain quotidien des relations sociales, l'ultralibéralisme, c'est « chacun pour soi », et c'est aussi : « Je ne peux grandir que si je rapetisse les autres qui sont autour de moi. » Tout cela est en totale contradiction avec l'Évangile. Nous sommes devant des idéologies tout à fait contraires à ce que nous pouvons percevoir comme étant le message de Jésus. C'est une des nombreuses versions qu'on puisse imaginer de l'Antéchrist. On peut en imaginer beaucoup des versions de l'Antéchrist, mais c'est la version actuelle.

Alphonse : Comme dit le Christ : « Vous êtes dans le monde, mais pas du monde. » Un disciple du Christ ne peut absolument pas être accordé à l'esprit de ce monde. Le vrai chrétien est incarné, présent et engagé là où il se trouve, mais toujours comme une instance critique, comme une mise en question...

Jean-Marie : L'entraide existe, on parle volontiers de solidarité, mais ces concepts ne sont pas valorisés. Pourtant ces potentialités sont dans nos gènes, mais la société fait de la sélection naturelle à l'envers. Elle sélectionne la compétition et l'affrontement. Cela est frappant lorsqu'on sait comment sont conçues les séries télévisées américaines : pour que le produit soit bon, il faut qu'il y ait tant de minutes d'agressivité et tant de minutes d'aménité. Mais le temps consacré aux relations conflictuelles l'emporte très largement. C'est ça qui fait vendre. La douceur, la délicatesse, la tendresse, le respect, tout cela n'est pas payant.

Rachel : C'est codifié à ce point-là ?

Jean-Marie : Oui, tout est codifié, fabriqué dans les moindres détails. Les séquences où l'on s'agresse et les séquences où l'on se parle cordialement sont soigneusement minutées. C'est comme une recette de cuisine où chaque ingrédient est savamment dosé.

Alphonse : Cette agressivité, vous pensez qu'elle est nouvelle ou qu'elle a toujours existé ?

Jean-Marie : Elle a toujours existé, mais ce qui est nouveau c'est qu'elle est survalorisée. Au Siècle des lumières, on valorisait la civilité, les relations amènes, la politesse, les bonnes manières, la délicatesse dans les relations humaines. Cela a marqué très largement le XVIIe et le XVIIIe siècle, l'époque classique et les Lumières. Et puis est survenue la Révolution, Marx et Nietzsche et avec eux l'homme prométhéen, révolté, violent. Nietzsche exerce une influence colossale dans le monde actuel. Le modèle de l'homme nietzschéen ou hégélien qui « se pose en s'opposant », c'est le modèle communément reçu dans notre société. C'est ce modèle d'homme-là que l'on considère aujourd'hui comme le bon modèle. Ce n'est pas l'homme des Béatitudes.

Alphonse : Vous pensez que cela fait partie du mouvement apocalyptique de notre temps ?

Jean-Marie : Oui, je pense que cela fait partie du mouvement apocalyptique. Chaque siècle vit son apocalypse. La grande différence, c'est que nous avons aujourd'hui des moyens de destruction sans commune mesure avec ceux des siècles précédents. L'homme prométhéen détruit la nature comme un superprédateur. La moitié des forêts tropicales a disparu en cinquante ans. Nos engins techniques, ces gros engins jaunes qui circulent partout, nous donnent un sentiment de puissance et de domination sur la nature que les générations précédentes n'ont pas connu.

Rachel : Vous avez lu l'Apocalypse de saint Jean ?

Jean-Marie : Pas ces derniers temps, mais je crois que c'est un texte actuel qui peut s'appliquer à chaque époque. En 1940 c'était évidemment l'apocalypse, en 1914 aussi. Je n'ai pas le sentiment que les hommes sont plus mauvais qu'ils n'étaient ; je crois même que le niveau global de conscience a progressé, c'est pourquoi je posais la question : « Comment se fait-il que le christianisme a si peu réussi ? » La nature humaine profonde a sans doute peu changé. Mais je constate que les potentialités d'empathie et de sympathie des humains qui existent en même temps que les pulsions compétitives et agressives qui les opposent entre eux ne sont pas valorisées dans notre culture. En un mot comme en mille, les grands médias ne travaillent pas à la promotion de l'humanisme.

Alphonse : Vous ne pensez pas que la conscience de l'homme, de l'humanité, évolue ?

Jean-Marie : Je pense que oui. Lentement, la conscience humaine évolue. Mais cette évolution se heurte à des idéologies qui la contrarient.

Je suis extrêmement réticent par rapport à l'idéologie libérale, pure et dure. On a dit que le communisme était intrinsèquement pervers. Le capitalisme ne vaut guère mieux. Ces grandes idéologies économiques font peser sur l'humanité une chape de plomb. En valorisant uniquement les biens matériels, elles font de l'humain un objet qu'on peut manipuler à volonté. Or on accepte ces idéologies comme si elles étaient là depuis l'origine, on a même prétendu que le libéralisme économique était la fin de l'histoire, qu'il n'y aurait plus rien après. Quelle insolence !

L'idée de la concurrence acharnée qui sous-tend le concept de mondialisation est une idée terrible. Elle valorise des raisonnements du type : « Tous comptes faits, je délocalise mon entreprise au Kerala en Inde car j'aurai là-bas des gosses qui travailleront pour cinquante centimes de l'heure, et je fabriquerai mes culottes trois fois moins cher. » C'est totalement immoral !

Rachel : C'est Mammon qui mène le jeu...

Jean-Marie : L'Amérique a marié Mammon et Dieu. C'est un tour de force étonnant. Et nous devons nous interroger sur ce système basé sur la concurrence acharnée qui fait que chacun est un ennemi potentiel pour l'autre, doit jouer des coudes et doit faire que l'autre s'écroule pour être debout.

Alphonse : Face à cela, je reviens à l'éveil de la conscience personnelle. Après la révolution russe, Lénine a eu cette parole extraordinaire : « Il nous a manqué un saint François d'Assise. » Parole stupéfiante pour un homme qui n'a cru qu'à son idéologie close ! Si donc on se met devant cette question absolument fondamentale de l'éveil de la conscience, nous sommes face à notre liberté personnelle et notre propre responsabilité. Que faire pour que cette conscience s'approfondisse ? Je pense qu'il n'y a pas à chercher ailleurs...

Jean-Marie : Eh bien, je pense qu'il faut être des résistants. Des résistants non violents mais pas muets. Nous devons afficher et témoigner haut et fort de ces situations accablantes pour l'homme, pour son épanouissement. Sans doute connaîtra-t-on alors le sort des pionniers qui n'est pas toujours enviable. Quand les idées des pionniers ont fini par s'imposer, ces pionniers on les oublie et parfois on les renie. Mais qu'importe, ils ont fait leur travail. D'autres prendront leur place et s'attitreront le mérite des nouveautés. Les pionniers ne cherchent pas les lauriers, ils font tout simplement leur devoir en suivant leur conscience. Ils acceptent la mission qui est la leur, un peu pionnier, un peu prophète, même lorsqu'ils ne sont pas écoutés. Car même s'ils ne le sont pas, il arrive qu'ils soient entendus. Je crois profondément que, malgré toutes les apparences contraires, ce sont les idées qui mènent le monde et pas l'argent.

A aucun moment il ne faut désespérer. Les germes de résurrection dont on a si abondamment parlé sont toujours là, même quand on ne les voit plus. Quand on ne les voit plus, c'est qu'ils sont en terre. Et comme ils sont en terre, ils vont germer. La place des graines, c'est d'être en terre. Pour moi, cela signifie de porter toute son attention sur les générations futures. Après moi le déluge est sans doute l'adage que je déteste le plus. Je multiplie les contacts avec les jeunes. Nous avons le devoir impératif d'intervenir très tôt dans le processus éducatif. L'écologie, la nature, c'est comme l'anglais, cela doit être présent dès la maternelle. Pourquoi l'anglais ? Parce qu'à l'heure du village planétaire, il nous faut une langue commune et celle-ci doit être acquise très tôt en même temps que la langue maternelle. Or l'anglais est déjà la langue internationale partout dans le monde. Autant monter dans ce train plutôt que de mener des combats d'arrière-garde qui n'ont aucune chance d'aboutir. Pour l'espéranto, c'est trop tard ; hélas pour le français aussi, même si je tiens naturellement aux efforts développés dans le cadre de la défense de la francophonie. Car la langue internationale de demain, l'anglais, ne doit en aucune manière se substituer aux langues nationales, mais seulement s'y juxtaposer pour que tous les humains puissent enfin se comprendre.

Quant à la foi, elle est la langue commune des croyants. Elle doit être acquise, elle aussi, dès la toute petite enfance. J'entends parfois des gens « branchés » dire : « Je n'élève pas mon enfant dans une religion, pour qu'à dix-huit ans il puisse choisir. » C'est ignorer superbement le fonctionnement du psychisme humain : la petite enfance, c'est l'âge des acquis fondamentaux, des imprégnations premières. Si l'on veut choisir à dix-huit ans, encore faut-il que ce choix s'établisse en fonction de données vécues et expérimentées. Je peux dire par ma propre expérience que la foi m'a été donnée par mes parents et mes grands-parents, à l'âge de la maternelle. Ce qui n'a pas été acquis avant cinq ans ne le sera probablement jamais. C'est pourquoi nous nous donnons tant de mal pour faire éclore les graines dès la maternelle. Certes, il y a toujours des conversions possibles, des coups de foudre. La vie est ouverte, mais c'est l'exception. Celui qui n'a rien reçu reste démuni.

Alphonse : Oui, mais l'éveil de la conscience est possible à tout âge.

Jean-Marie : Bien sûr que oui. Mais l'enfance est la saison royale, le temps privilégié des acquisitions, l'âge de la vie ou le champ des possibles est le plus largement ouvert.

Alphonse : Et vous, vous essayez de poursuivre ce travail pour votre propre compte ?

Jean-Marie : Oui. Ma conscience est en éveil. Je réfléchis beaucoup. Je suis très présent à la marche du monde. C'est vrai qu'il est difficile de m'enfermer dans quelques idées simples, de me mettre une étiquette sur le dos, du style : « C'est un catho donc il ne peut être un scientifique », ou encore : « C'est un botaniste, donc il n'y connaît rien à la génétique, aux OGM. » La société vous met des étiquettes sur le dos et l'on est censé ne fonctionner qu'à l'intérieur de ces étiquettes, selon des schémas soigneusement préétablis et des itinéraires parfaitement balisés. C'est là une des caractéristiques essentielles de ce qu'on appelle la pensée unique ou le politiquement correct.

Alphonse : « Réfléchir » pour vous, cela consiste à écouter, à recevoir ?

Jean-Marie : Beaucoup écouter, beaucoup rencontrer. Lire et avoir du temps pour réfléchir. Le soir surtout. Pascal a dit quelque chose du genre : « Malheureux l'homme qui n'est pas capable de rester huit jours dans sa chambre à penser. » Certes, je ne pourrais pas rester dans ma chambre huit jours à penser. J'ai besoin d'action et de cette création continue qui est le propre des auteurs et des artistes. Il y a un mouvement constant entre la création et la réflexion qui se font en même temps. La création appelle la réflexion et la réflexion débouche sur la création. C'est dialectique.

Alphonse : Il y a une certaine écoute qui est à la source de toute pensée. Je crois que les vrais génies ne réfléchissent pas ou alors ils réfléchissent comme un miroir qui donne ce qu'il reçoit. La pensée divine se réfléchit en nous, il nous appartient de l'entendre et de la traduire avec notre perception. C'est ce à quoi Socrate accouchait ses disciples.

Jean-Marie : Il y a dans un psaume cette belle phrase : « Seigneur, lorsque ta pensée me vient... » Souvent, au détour d'une pensée, Sa pensée me vient.

Rachel : « Seigneur Tu me sondes et Tu me connais. Tu connais de loin mes pensées, tous mes chemins te sont familiers. La parole n'est pas encore sur ma langue que déjà, Seigneur, tu la connais tout entière... » C'est le psaume 139.

Jean-Marie : Nous vivons dans le Milieu Divin, comme disait Teilhard de Chardin. Le terreau sur lequel poussent nos pensées comme des fleurs, c'est le terreau divin. C'est pourquoi la pensée de Dieu est continuellement présente. Ce n'est pas une prière formelle mais bien une Présence continue.

Rachel : On dit : « C'est une alliance de pensées », des épousailles vers lesquelles nous aspirons ; faire le Chemin spirituel, c'est construire une alliance divino-humaine.

Alphonse : Shri Aurobindo, par exemple, qui fut l'un des philosophes les plus géniaux et prolixes du XXe siècle, dit lui-même qu'il n'a jamais fait aucun effort de réflexion. Il recevait tout. Dès que le mental commençait à fonctionner, il déposait sa plume... De même saint Jean de la Croix qui a écrit « La vive flamme d'amour », son chef-d'œuvre, en une seule nuit ! Ou encore la théorie de la relativité a d'abord été pour Albert Einstein une fabuleuse expérience mystique avant de devenir une réflexion...

Jean-Marie : La création est vagabonde. Ça arrive par moments, il y a des flux importants, puis des phases de relative stérilité. C'est le kaléidoscope des moments de l'âme.

Alphonse : Quand le flux ou l'influx divin nous est donné ainsi, cela suppose qu'on ait quand même fait un travail d'incubation et que l'Esprit Saint ait du matériau pour s'exprimer à travers nous...

L'homme : un être de désir

Alphonse : Nous avons déjà vu que l'homme est intimement lié à la nature. Comme disent nos Pères, l'homme est un microcosme, un résumé de tout le cosmos. Il n'y a aucune séparation entre l'homme et la nature. La nature vit par l'homme et l'homme vit par la nature. L'acte de manger, par exemple, est un rapport étonnant avec la matière que l'homme ingurgite, qu'il assimile. Finalement, il la devient, il est substantiellement, réellement la matière rien que par l'acte de manger. Comment approches-tu ce mystère grandiose ?

Jean-Marie : La question de notre lien à la nature est au centre de la problématique moderne. Nous sommes coupés de la nature comme jamais nos ancêtres ne l'ont été. La plupart des gens vivent dix à douze heures par jour devant un écran, l'ordinateur et la télé ; c'est l'objet ou la représentation du monde qui leur est le plus proche. Avec ces temps très longs consacrés à la manipulation des objets technologiques, le temps de la nature est devenu extrêmement court. Il se peut même qu'il disparaisse complètement, surtout chez les jeunes entièrement instrumentalisés par le show-biz, la musique, les vêtements de marque, le scooter, le portable, les jeux vidéo, MacDo et Coca-Cola. De la nature, il ne reste que le corps, avec ses désirs et ses pulsions. Et la pulsion première, quotidienne, c'est le boire et le manger. Par l'alimentation notre corps est en relation étroite avec d'innombrables objets naturels, l'eau et les êtres vivants, animaux et végétaux que nous consommons sans y penser. Nous commençons seulement à prendre conscience de l'importance de l'alimentation. Il a fallu pour cela la montée en puissance des obèses, triste héritage de la génération *fast-food*.

Quand on fait un tour du monde des thérapeutiques, à commencer par la Chine, on voit que contrairement à ce que l'on croit, à savoir que les Chinois soignent par l'acuponcture et les plantes médicinales, ils soignent d'abord par l'alimentation. Le thérapeute se préoccupe du régime alimentaire avant de mettre en place des stratégies que nous qualifierions de thérapeutiques. *Idem* dans l'hindouisme où l'importance de l'alimentation est affichée dans les Vedas comme première par rapport à toutes les autres thérapeutiques. Ce fut jadis la même chose en Occident. Un célèbre aphorisme d'Hippocrate dit : « Que ton aliment soit ton médicament. » Tout cela a été complètement oublié chez nous puisque la maladie se soigne par des médicaments et par des interventions chirurgicales. L'alimentation, jusqu'à une époque toute récente, n'entrait jamais en ligne de compte.

Alphonse : Je crois tout de même qu'un changement important est en cours. Les nombreuses maladies, en particulier le cancer, issues d'une alimentation déséquilibrée et surpolluée ont provoqué un énorme sursaut de conscience... La phobie est maintenant telle que l'alimentation dite « biologique » est devenue la bouée de sauvetage de ceux qui en ont les moyens...

Jean-Marie : Oui, nous sommes arrivés à un tournant où on commence à réaliser l'extrême importance de la nature et de l'alimentation sur la qualité de la vie et de la santé. Passer dix heures par jours devant un écran, c'est s'exposer, par excès de sédentarité à devenir obèse, et plus tard diabétique, hypertensif avec de gros ennuis passé la cinquantaine. La sonnette d'alarme est tirée. On sait désormais que trop de sédentarité joint à trop de *fast-food*, c'est l'impasse. On sait aussi ce qu'il faut faire pour se nourrir mieux : consommer moins de viandes, plutôt du poisson, beaucoup moins de sucres rapides, style ice-cream et Coca-Cola, beaucoup moins de graisses, et beaucoup plus de fruits et de légumes.

Or les mœurs alimentaires semblent avoir une considérable influence sur l'évolution du corps humain. La taille des adolescents et en constante augmentation : ils ont grandi en moyenne de sept centimètres en une seule génération. C'est énorme et c'est mauvais signe. Car les biologistes s'accordent à considérer la taille comme un handicap évolutif : les gros dinosaures ont disparu à la suite de la chute d'une énorme météorite il y a soixante-cinq millions d'années, tandis que les petits mammifères les ont remplacés et ont évolué pour aboutir à ce que nous sommes.

Mais voici que subitement nous grandissons très vite, démentant de surcroît l'idée communément admise dans la communauté scientifique selon laquelle la marche de l'évolution est extraordinairement lente, s'étalant sur des millions d'années. Or voici que tout s'emballe. Darwin se serait-il trompé ? Plus étrange encore : les maxillaires évoluent contrairement à la taille ; ils rétrécissent. Finies les grosses mandibules de l'homme de Cro-Magnon, dévorant de grosses pièces de viande à belle dent. Mais il n'y a plus non plus de grosses pièces de viande à se mettre sous la dent. Désormais tout est mou, aussi bien la cuisine préparée à l'avance que la nourriture des *fast-foods*. Le célèbre hamburger, c'est du pain de mie, sans doute de peur que les dents ne restent dans la croûte ; et c'est de la viande hachée, de peur que les dents ne restent dans le steak... Même le yaourt est liquide ! Du coup les mâchoires et les dents ne servent plus à rien. Plus de fonction, donc plus d'organe ! Serait-ce la revanche de Lamarck ? En tout cas les spécialistes prévoient de beaux jours pour les orthodontistes ! L'orthodontiste, le psy et l'avocat seront désormais à nos côtés les supplétifs de la Divine Providence.

Il y a certes une approche plus affinée, celle de l'alimentation bio qui vous épargne une lente imprégnation par les pesticides. D'aucuns deviendront carrément végétariens. Nos ancêtres australopithèques ne mangeaient pas de viandes, seulement des fruits. La carnivorerie est d'apparition tardive liée à l'émergence de la chasse. Dans les sociétés traditionnelles, comme l'a montré Claude

Lévi-Strauss, demeurent encore des mythes où l'on relie l'agressivité à l'alimentation carnée. Nous ne disposons pas d'études ou d'informations qui nous permettraient d'affirmer cela, mais c'est une piste de réflexion intéressante.

Alphonse : Si l'on croit au vieil adage : « On devient ce qu'on mange », alors il est cohérent de penser que l'animal qu'on mange nous transmet aussi son énergie, nous communions à l'énergie animale, en la faisant nôtre nous devenons un avec elle !

Jean-Marie : Je suis frappé, je l'ai dit, que se développe une sensibilité nouvelle par rapport aux animaux dont on ne supporte plus qu'ils soient maltraités. Quel progrès ! Saint Thomas d'Aquin voyait, dans la sensibilité exprimée à l'égard des animaux un signe favorable : cette même sensibilité ne manquerait pas de s'exprimer à l'égard de nos frères humains. Mais saint Thomas vient à ce moment de l'histoire où on a commencé à s'éloigner de l'idée que Dieu est présent et digne de louange dans toutes ses créatures. Cette idée était encore communément partagée dans la chrétienté un siècle plus tôt avec Hildegarde de Bingen et un peu plus tard avec François d'Assise. Tous les deux, à leur manière, ont reconnu Dieu dans la beauté de la nature. Il y a de très beaux textes dans les visions de sainte Hildegarde : pour la célèbre abbesse, les animaux accomplissent les lois divines et ce sont les hommes qui ne les accomplissent pas. Et parce qu'ils ne les accomplissent pas, ils créent beaucoup de malheurs, non seulement vis-à-vis des animaux justement, mais aussi vis-à-vis d'eux-mêmes. Dans toute l'œuvre de saint François d'Assise, on retrouve cette idée du respect de l'animal comme symbole de la beauté de Dieu. Et dans le Coran, on lit cette sourate : « Dieu est beau. Dieu aime la beauté. »

Alphonse : Nos Pères parlent souvent, en reprenant les Psaumes, de la « gloire de Dieu cachée dans les êtres et les choses ». Simone Weil pensait que le savant, s'il pénètre assez profond, a le cœur brisé par la beauté. Les Anciens avaient un autre regard sur le monde qui était, pour eux, un « océan de symboles », la splendeur des choses leur révélait Dieu, la création était conçue comme une extraordinaire théophanie... Pourquoi saint François, qui aimait tellement la nature, l'a-t-il à ce point abîmée dans son propre corps ?

Jean-Marie : Saint François a été sévère avec son corps qu'il soumettait à des ascèses terribles. Plus tard, il semble l'avoir regretté, disant en substance : « J'ai trop tiré sur mon pauvre bourriquot qui maintenant ne vaut plus rien du tout. » C'était le Moyen Age, une autre époque, un autre temps. On croyait faire son salut en châtiant son corps, perçu comme responsable de la chute originelle, et donc coupable ! Nous commençons seulement à sortir de cette manière de voir. Et ici, la modernité a du bon. Quand petit, j'étais enfant de chœur, je demandais un jour au curé pourquoi on encense les morts aux enterrements. Il me répondit : « Parce que le corps a été le temple de l'Esprit. » Belle formule ! Nous avons la chance de vivre à une époque qui ne persécute plus le corps mais qui le traite avec tendresse et délicatesse. Étrange tout de même ce corps sur lequel l'esprit est branché. Corps, âme, esprit, nous sommes uns. Et pourtant, ce corps est étonnamment autonome. Il a ses foucades, ses fantaisies, ses petits et ses grands bonheurs, ses malheurs aussi. Il nous fait grand souci et nous ne cessons, d'un bout à l'autre de la vie, de le cajoler, de le soigner... Surtout lorsque avec l'âge, la vie s'écoule. Philosopher, c'est aussi vivre en bonne intelligence avec le corps et l'apprivoiser avec tendresse, comme on le ferait de son chien fidèle. Cela suppose de l'amour pour son corps et de la compréhension aussi pour ce qu'il est et ce qui peut lui advenir...

Alphonse : Je crois qu'il y a à travers l'histoire de la tradition deux types d'ascèse. Il y a ce qu'on appelle l'ascèse de mortification où effectivement on mortifie le corps par une ascèse très dure, par exemple les jeûnes, les veilles qui posent la cognée à la racine du désir. Et puis il y a l'ascèse de transfiguration où le corps est glorifié à travers le respect, la sobriété, l'équilibre de vie : on peut boire un bon verre de vin en rendant grâce à Dieu ! Selon les cas, c'est l'une ou l'autre de ces ascèses qu'on applique.

Aujourd'hui nous sommes à une époque où les rythmes ont complètement changé. Nous ne vivons plus au temps des anciens où le rythme rural et le rythme du corps épousaient le rythme du cosmos. L'homme s'est fragilisé, il doit faire attention, il a découvert une autre conscience de son rapport à la nature grâce à cet aspect positif de la relation à son corps et au cosmos. N'oublions pas que dans la Genèse il y a deux récits de la création. Avant la chute de l'homme, Dieu donne comme nourriture toute la verdure, les graines, les plantes et après la chute, il donne la possibilité de se nourrir aussi du monde animal. Le rapport à la nature est très lié à la rupture originelle de l'homme avec Dieu que nous réitérons tous les jours !

Jean-Marie : Oui, et à l'inverse, quand on est tout à fait à l'autre bout du parcours, on voit, comme dans le beau texte d'Isaïe, la réconciliation entre les carnivores et leurs proies, on voit aussi les lions manger de la paille.

Rachel : « L'agneau joue avec le loup, la panthère se couche avec le chevreau, la vache et l'ours paissent ensemble... »

Jean-Marie : « L'enfant met sa main dans le trou de la vipère et du cobra. »

Alphonse : Et le texte continue : « Il n'y aura plus de mal ni de violence car le pays sera rempli de la connaissance du Seigneur... » La révolte de l'homme contre Dieu a brisé l'harmonie entre l'homme et la nature, entre l'homme et l'homme, mais aussi entre les animaux eux-mêmes. Si les bêtes s'entre-dévorent, c'est à cause de la rupture de l'homme avec Dieu, Source de la vie. Il n'y a pas d'animaux sauvages, c'est l'homme qui est sauvage ! Il a répandu autour de lui sa division et sa peur...

A l'inverse, le prophète Isaïe annonce, dans ce texte splendide du chapitre onze, l'avènement de l'ère messianique qui, en apportant le pardon, ramènera la grande paix paradisiaque. Celle-ci existe déjà autour de tous les saints et les êtres spirituels : ils sont profondément réconciliés avec la nature, ils parlent avec les plantes, aux oiseaux, à l'eau et au feu... Les arbres eux-mêmes s'inclinent quand un saint passe devant eux !

Jean-Marie : Ce travail de réconciliation est en cours, par exemple dans la domestication des animaux. Buffon disait : « Le cheval est le meilleur ami de l'homme. » Il aurait pu dire la même chose du chien. Lorsqu'on regarde ce qu'il y a derrière ce mot « amitié », on s'aperçoit qu'il y a comme première idée, celle de fidélité. Les juges ne sont pas appelés à venir constater des divorces entre un chien et son maître. Cela n'existe pas. Il y a ici une fidélité sans faille, tout à fait admirable, avec des histoires de chiens qui vont sur la tombe du maître ou qui le suivent à longue distance, etc. Paradoxalement, on trouve dans une telle relation un modèle de ce que pourrait être une bonne relation entre les humains eux-mêmes. Nos relations sont empreintes de crises d'agressivité et de rejets.

Quand on a transformé un animal sauvage en animal domestique, on a en quelque sorte gommé cette agressivité. L'agressivité, c'est ce qu'il y a de plus caractéristique dans l'espèce humaine. Tous les scientifiques éthologues s'accordent pour admettre que l'homme est l'animal le plus agressif. Le rat l'est aussi. Mais l'homme est par rapport à l'immense majorité des animaux, une espèce extrêmement agressive. Il n'a de cesse qu'à faire des guerres, qu'à faire des armes. Il lui faut sur toutes les chaînes de télévision des coups de couteau ou de revolver en permanence. Il n'a de paix que si une histoire d'amour est une histoire ratée. Une histoire d'amour réussie ne ferait pas, paraît-il, d'audimat. Nous sommes donc en quête permanente d'agressivité.

Dès lors, une question se pose : « Est-ce que cette agressivité qui est en nous retentit sur le cosmos tout entier ? » Cette question est préoccupante. Nous sommes ici dans le domaine des mythes et non pas du temps linéaire, ordinaire. Pas non plus dans le domaine de la science. Je suis frappé de constater, dans mon propre cas, ces relations entre macrocosme et microcosme et la manière dont notre microcosme est en symbiose et en résonance avec le macrocosme. Nous sommes ici dans l'inexprimable, tant cette sensibilité est étrangère au monde moderne.

J'ai ressenti intensément, je l'ai dit, la terrible tension internationale qui a précédé la guerre en Irak. Je ressens de même les fortes tensions sociales lorsque les foules sont dans la rue. Je perçois comme un certain malaise. J'aimerais des manifestations dignes, silencieuses et non violentes sur le Champ-de-Mars, qui ne gêneraient aucun usager, avec un dénombrement précis du nombre de manifestants, et non pas deux, celui de la police et celui des syndicats. Lorsque la météorologie sociale est très perturbée, en France ou ailleurs, le tout teinté d'une forte agressivité, toutes sortes de conflits émergent dans ma propre vie, comme s'ils étaient induits par la conflictualité globale du monde dans lequel je vis. Le lien entre le microcosme et le macrocosme est une vision très éclairante de la manière dont les choses se passent. Les alchimistes savaient cela, mais nous l'avons complètement oublié.

En conclusion, si on veut changer quelque chose au niveau du macrocosme, il faut commencer à agir au niveau de son petit microcosme, afin qu'il soit une petite gouttelette de rapport humain apaisé. Sans pouvoir mesurer mais en pouvant, en revanche, espérer que cette petite gouttelette aura un impact sur le tout parce que le tout est dans les parties et les parties sont dans le tout. C'est la vision traditionnelle de l'écologie. Nous vivons une période de grand chaos alchimique. Comme dit le Psaume : « Pourquoi ces nations en tumulte ? » Ce tumulte, je le vis moi-même dans la peine et la difficulté. Le mal est d'autant plus mauvais qu'on l'excite. L'arrogance des forts – je pense au discours de George Bush – stimule la haine et l'esprit de revanche. Je préfère le discours doux que mon père tenait à ses abeilles et qui faisait enrager ma mère, quand elle disait : « Il parle aux abeilles. » Il vaut mieux parler aux abeilles que d'aller avec un grand bâton les exciter, quitte à déclencher autour de soi un essaim qui va vous piquer de partout et vous faire le plus grand mal.

Rachel : Ne peut-on pas dire que ce mal est un mal-être ? C'est justement parce que l'homme s'est coupé de l'Être, de sa Source de vie. Étant coupé de la vie, il a peur de la mort. Il devient donc agressif parce qu'il ne trouve pas de réponse à son attente, à sa nostalgie profonde. Il est habité alors par un instinct de représailles, de vengeance, de violence formidable. Si on va à l'origine, ce mal est un mal-être. L'homme est un exilé. Il satisfait maintenant sa soif d'absolu dans des possessions relatives, et comme il ne pourra jamais y trouver de réponse, sa violence est une spirale sans fin...

Jean-Marie : Beaucoup de gens sont coupés de la source et de toute source. La vie consiste alors à satisfaire des désirs sans fin, ceux qui émanent du corps, évidemment, et ceux qui sont créés artificiellement par la société dont la publicité est l'arme absolue. La question est de savoir si lorsqu'on satisfait les désirs en question, on atteint la paix et le bonheur. Je n'ai jamais été engagé dans une quête de cette nature et suis donc embarrassé pour répondre. Mais toutes les sagesses d'Orient et d'Occident ont déjà répondu à cette question. Elles préconisent la sobriété, un mot totalement étranger à notre monde dans lequel il faut à tout prix consommer pour pouvoir produire et ainsi maintenir l'emploi. Jadis les hommes s'épuisaient à produire pour pouvoir consommer. Aujourd'hui, par un étonnant retournement qui n'est pas un des moindres paradoxes de nos sociétés, c'est l'inverse. Je pense que l'engagement fébrile dans la satisfaction du désir occupe la vie et ne laisse que très peu de place au moi profond, à la quête spirituelle.

On va offrir par exemple dans tel magazine un week-end à Saint-Pétersbourg « à ne manquer sous aucun prétexte ». Je me dis : « Y a-t-il donc des gens qui vivent en ayant peur de manquer l'occasion unique d'aller passer le week-end à Saint-Pétersbourg ?... » Je n'en sais rien. Un week-end à Saint-Pétersbourg, puis un autre à Venise, cela coûte beaucoup d'énergie et dégage beaucoup de gaz à effet de serre dans l'atmosphère. Qu'importe. C'est la mode. Après tout, nous sommes des pays riches.

Ma vie à moi est toute différente. Je voyage sans cesse et aspire à la maison. Mon seul désir est de faire avancer les idées auxquelles je crois, de faire le bonheur de ceux qui m'entourent et de trouver une nourriture spirituelle dans la foi et la prière. Cela comble complètement mes désirs. Je suis curieusement un être qu'aucune publicité n'accroche. La société n'arrive pas à faire naître en moi les désirs nouveaux comme elle sait si bien le faire avec la majorité de mes semblables. Bref, je suis un mauvais consommateur, et donc un mauvais citoyen.

Alphonse : Selon la Bible, nous l'avons déjà dit, Dieu a créé l'homme dans une triple Béatitude : jouir, posséder et pouvoir. Jouir pleinement de la Vie divine, posséder le Royaume des cieux, et pouvoir sans limites jusqu'à être déifié. Mais, hélas, vécues sans Dieu, ces trois Béatitudes deviennent des passions qui détruisent l'homme : la jouissance mène droit à la mort, Freud et ses descendants de la « grande bouffe » ont bien montré que l'homme creusait sa fosse avec ses dents ! Quant à la possession sans Dieu, elle est minée par l'usure et la ruine, tout le monde le sait : l'homme le plus riche du monde est aussi l'homme le plus triste du monde... Enfin la troisième Béatitude, quand elle devient volonté de puissance et de domination, jette l'homme dans la solitude et la non-communication. Ces trois détresses, l'angoisse devant la mort, l'absurdité de la vie et la solitude, sont maintenant constitutives de l'homme en exil. Elles créent en lui une espèce d'inauthenticité fondamentale qui fausse tous les rapports : à soi, à l'autre et à Dieu... La société de consommation exploite à merveille cette béance et propose à l'homme ses produits de remplacement que Kierkegaard appelait déjà des « petites éternités de jouissance » !

Jean-Marie : Je crois que c'est une voie sans issue pour deux raisons. La première est qu'on ne pourra sans cesse créer de nouveaux désirs et les satisfaire parce que la terre ne tiendra pas le coup. Il n'y aura plus assez de pétrole pour nous promener chaque week-end à Saint-

Petersbourg et l'effet de serre risque de nous valoir des canicules à répétition. Nous serons donc condamnés à la sobriété en raison même de l'état des ressources disponibles. La deuxième raison, c'est parce que je ne suis pas certain que l'on s'arme de la sorte pour affronter ce qui survient de toute façon : l'amortissement des forces biologiques et l'affaiblissement du corps lorsque, comme disent les gens âgés, « cela n'est plus pour nous ».

Bienheureux alors ceux qui auront préparé le terrain et auront su placer ailleurs leur désir. Ils liront avec profit les écrits de Teilhard de Chardin sur les « forces de diminution », et ceux de Pascal sur le « bon usage des maladies ». Mais attention : je ne voudrais en aucun cas être une sorte de gâte-sauce qui ferait rater l'accès au plaisir en disant : « Vous verrez, ça ne durera pas. » Ce n'est pas du tout ça. Je pense au contraire que la vie a besoin de s'exprimer avec un minimum de contraintes et dans une grande liberté. Mais la vie n'est pas linéaire. A chaque étape, de nouvelles questions se posent, de nouveaux problèmes émergent de sorte que si l'on a eu une maïeutique profonde et réfléchie dans la marche de la vie, on se trouvera plus près à endosser les nouvelles étapes et à les parcourir avec une tendre sympathie pour ces forces de diminution que chacun rencontre un jour ou l'autre dans son existence.

La plupart des gens vous diront : il faut profiter de la vie ; je veux profiter de ma retraite... Profiter... Toujours le profit. Je préfère dire : il faut faire de l'accueil. Apprendre à vivre du début jusqu'à la fin en relation de tendresse et de compréhension par rapport à ce que dit le corps. Je suis très orienté sur cette idée : l'idée d'écouter ce que dit le corps et de lui faire des concessions. Je travaille beaucoup et il arrive que mon corps manifeste un début de fâcherie. Alors, j'arrête et je le laisse non pas se reposer, mais me reposer. C'est très fécond, parce que se met en place une sorte de petit murmure où l'on parle tous les deux, mon corps et moi. Cela régénère l'énergie comme une petite source qui gargouille avec des choses qui remontent à la surface et qui avaient été occultées par le fracas et la fébrilité du quotidien. Il y a un temps pour le corps qui le mérite.

Alphonse : Le désir est tout à fait central dans notre foi. C'est une question d'anthropologie biblique. L'une des grandes trames de la Bible révèle que l'homme est un être de désir. C'est peut-être la meilleure approche qu'on puisse faire de lui. On ne sait pas qui est l'homme, mais c'est sans doute le désir qui le définit le mieux. Nous apprenons, par exemple à travers le Cantique des Cantiques ou bien d'autres textes, qu'il n'y a dans l'homme qu'un seul désir : celui de l'Unique Désiré. C'est une histoire d'amour entre l'homme et Dieu, sa source de vie. Quand l'homme se coupe de sa source de vie, comme on l'a dit tout à l'heure, son désir unique est arraché de ses origines, il est jeté dehors et tombe dans le multiple, où la société de « consommation », qui mérite bien son nom, l'exploite de mille et une manières. Ce multiple désir cherche à apaiser sa soif d'absolu dans le relatif. N'y arrivant jamais, évidemment, puisque rien de relatif ne peut y répondre, il n'a jamais fini de chercher. C'est donc l'agressivité et la violence qui s'installent, peut-être même la haine, parce qu'il ne trouve pas de réponse à cette soif qui est un besoin viscéral, une exigence de son être.

On peut dire donc que tout désir, aussi petit soit-il, est habité par le désir de Dieu. Tout désir est un désir de Dieu. L'homme n'a pas faim de pain, il a faim de Dieu, c'est la grande découverte que l'on fait lorsqu'on jeûne. Nous n'avons pas faim de pain, c'est une illusion, un mauvais coup du Démon, nous avons faim de Dieu. Cette anthropologie-là, cette vision de l'homme que nous donne la Bible, est la meilleure analyse de nos comportements bizarres, de notre stress permanent et de toutes nos insatisfactions...

Jean-Marie : Si j'ai été peu sensible aux désirs d'ordre matériel, en revanche, les désirs d'ordre intellectuel ont toujours été très présents. C'est le rôle majeur qu'a occupé la science dans ma vie. La science était censée satisfaire une grande curiosité intellectuelle, non seulement dans mes domaines : la botanique, la pharmacologie et l'écologie, mais aussi en astrophysique qui fut toujours mon hobby. Aujourd'hui, dans la science, ce qui me passionne, c'est son extraordinaire capacité de remettre en cause ce qu'on croyait définitif : on apprend ainsi par exemple que l'univers est constitué pour l'essentiel de matière et d'énergie noire, et non pas de particules émettant de la lumière, comme on le croyait jusqu'à tout récemment. Et comme cette matière et cette énergie sont inatteignables par nos techniques, nous voilà donc face à un univers redevenu complètement mystérieux. A quoi on ajoute d'ailleurs, pour faire bonne mesure, qu'il y a peut-être des millions d'univers : et nous voici redevenus complètement ignorants, par rapport à ce qu'on croyait avoir cerné, il y a vingt ans à peine.

Le biologiste apprend aussi avec stupéfaction que les neurones se divisent comme toutes les cellules alors que durant toute sa carrière il a enseigné le contraire ; mieux encore : il y a des cellules embryonnaires dans tous les organes – les fameuses cellules souches – alors qu'on les croyait, tout au moins chez les animaux, présentes dans le seul embryon.

Plus étonnantes encore sont les découvertes récentes quant aux origines de l'homme. Mon ami Yves Coppens, paléontologue éminent, a élaboré une théorie selon laquelle l'homme aurait émergé à l'est de la grande fracture qui traverse l'Afrique du nord au sud. Il l'a baptisée l'*east side story*. Et Lucie en était le fossile emblématique.

Mais voici qu'on a découvert tout récemment un nouveau fossile, loin à l'ouest de cette barrière naturelle correspondant à un homme beaucoup plus ancien. Très sportivement, Yves Coppens a reconnu que sa théorie était par terre et qu'il fallait en venir, comme dans la célèbre comédie musicale américaine, à la *west side story*.

Ainsi les théories scientifiques se suivent et se remplacent. Nombreux sont les biologistes qui se cramponnent à la théorie darwinienne de l'évolution, dont le moteur exclusif serait le hasard des mutations sélectionnées par le milieu : la fameuse sélection naturelle. Mais cette théorie vieillit à vue d'œil tant sont nombreuses les observations qui viennent la contredire. Et que dire des sciences humaines, dominées, il y a vingt ans encore, par le primat absolu de l'œuvre de Freud et de la psychanalyse aujourd'hui sévèrement remis en cause ?

Alphonse : Spirituellement, ce constat est très significatif ! La « Vérité » en définitive ne peut être que Dieu luimême, Dieu seul est l'ultime vérité. C'est pourquoi on ne pourra jamais mettre la main sur elle, toujours, elle nous échappera, non pour fuir, mais bien au contraire, pour découvrir toute la profondeur de son mystère. C'est en se spiritualisant qu'un jour la science transformera son approche de la réalité. Quand elle découvrira que celle-ci est une Présence qu'on ne peut objectiver, qui ne livre son secret que dans une relation amoureuse et priante, les savants seront aussi des mystiques !

Jean-Marie : En fait la science est une course sans fin ! Chaque fois qu'on a atteint un horizon, on en voit surgir un autre plus lointain et tout est à refaire, à repenser, à recommencer. Après cinquante années de vie scientifique, je sais aujourd'hui qu'aucun acquis scientifique n'est absolument définitif. Tout ce que nous croyons acquis avec certitude peut être soudain remis en question. Ce n'est donc pas dans la science qu'il faut rechercher la « vérité », mais simplement l'explication communément admise en un temps donné des réalités qui nous entourent.

La vérité ne se trouve pas davantage dans les idéologies. J'ai milité jadis avec enthousiasme dans le parti politique de Robert Schuman, le Mouvement républicain populaire aujourd'hui disparu. J'avais toutes les peines du monde à comprendre, à l'époque, que d'autres pouvaient militer dans d'autres partis. Je les croyais sincèrement « dans l'erreur ». Très intolérant – je m'en rends compte aujourd'hui –, je pensais que ma vérité devait être la « vérité ». La moulinette de la vie s'est chargée de me faire réatterrir : il ne me viendrait plus à l'esprit de rechercher la vérité dans un parti politique. Si toutes les opinions politiques sont respectables, aucune, évidemment, ne saurait être exclusive de toutes les autres.

En revanche, je reste exigeant sur les droits de l'homme : des amis du Dalaï Lama m'ont demandé de signer une pétition en faveur de la libération du Tibet, ce que je me suis empressé de faire. Très honnêtement, ils m'avaient prévenu que je ne pourrais plus jamais me rendre en Chine, ce qui s'est confirmé depuis. Mais je ne regrette pas d'avoir pris position quand les droits de l'homme sont bafoués. Même si, très pragmatiquement, je n'ignore pas combien il est difficile de les respecter partout. Il faudra sans doute encore beaucoup de temps pour qu'ils soient reconnus dans toutes les cultures.

Il m'arrive même, à ce sujet, de m'interroger, tant sont différentes les cultures qui ont souvent des manières de faire qui leur sont propres. Le pardon, la miséricorde sont des faits de culture et ne sont donc pas pour cela des valeurs universellement partagées. Le génocide de Pol Pot et des Khmers rouges a fait deux millions de morts, mais on n'a pas vu pour autant un tribunal international fonctionner au Cambodge pour juger et condamner les assassins.

Dans un très beau documentaire, on voit les victimes discuter avec leurs geôliers et leurs assassins de jadis sur les lieux mêmes de détention et d'extermination, ces derniers mimant leurs comportements de bourreaux[18]. La mémoire de l'horrible drame national reste présente à la conscience de tous. Entre bourreaux et victimes, on se parle longuement, on évoque les scènes de crimes. Il n'y a pas de demande de pardon formelle. Les assassins se sont réinsérés dans la société, un scénario impensable en Occident. La parole est une catharsis naturelle. On ne juge pas, on ne condamne pas, on ne pardonne pas. Simplement on parle et la vie continue.

En Afrique, après les massacres du Rwanda, des juges ont réuni autour d'eux les factions opposées, bourreaux et victimes entre lesquels de longues palabres ont peu à peu fait tomber la tension. Et en Afrique du Sud des comportements analogues ont été décrits, où les assassins subissaient de surcroît des séances d'exorcisme. De tels comportements collectifs laissent perplexes les adeptes

18. *La machine de mort Khmer rouge*, Unesco – Cambodge.

des droits de l'homme que nous sommes. Ils attirent néanmoins l'attention sur des pratiques appartenant à des cultures très différentes de la nôtre où la palabre joue un rôle émollient, sédatif.

Chez nous, même jugé et sanctionné, le condamné reste un exclu difficilement réinsérable dans la société. Pourra-t-il compter sur le pardon ? Rien n'est moins sûr. Ces faits nous donnent à méditer en tout cas sur cette sorte de justice des pauvres où les conflits les plus graves se dénouent par d'autres voies et moyens que les nôtres.

Bref, la science est relative, les idéologies et les cultures le sont aussi, d'où pour chacun, une exigence d'humilité, condition nécessaire de la rencontre et du dialogue. Sans doute est-ce pour cette raison que j'ai une telle horreur de l'arrogance.

Pour une écologie de l'espérance

Rachel : La science travaille sur les lois de la nature. L'idéologie est existentielle, historique. Mais la vérité est d'essence métaphysique et sur ce plan la science et l'idéologie ne sont pas des instruments aptes à forer les profondeurs mystérieuses de l'homme. Cela leur échappe complètement. Quand on parle par exemple du corps comme vous le faites, il s'agit de la nature dont il appartient à la science de découvrir les lois ; c'est le corps qu'on a ; mais quand on vit un chemin spirituel, on découvre par expérience que le corps est de nature métaphysique, qu'il exprime au-dehors ce qui est au-dedans, l'au-delà au fond de lui-même, ce qui l'habite, sa source mystérieuse qu'on peut nommer Dieu. C'est Lui alors qui va nous dire, à travers notre expérience, quelle est Sa Vérité. Ce que découvre la science n'en est qu'un type de rayonnement, mais n'est pas toute la Vérité.

Jean-Marie : Le mot « expérience » n'a plus aujourd'hui à mes yeux le sens que je lui donnais jadis. Quand on est scientifique, on fait des expériences. Au labo, les expériences, ce sont des manipulations, des « manip ». D'où le terme de manipulations génétiques qui donnent souvent au commun des mortels l'impression de se faire manipuler. Et puis viennent les expériences de la vie, de tout autres types d'expériences. Certaines sont des épreuves, encore un mot que la science a adopté, quand par exemple on fait des épreuves de chimie dans un matériel *ad hoc* : les éprouvettes.

Pour moi, mes premières épreuves furent les épreuves de maths, toujours très éprouvantes à mes yeux. Les épreuves de la vie vinrent plus tard. Je m'en suis expliqué dans un livre, *Le jardin de l'âme*[19]. Comme le disait mon amie Germaine Ford de Maria, généreuse mécène de notre série télévisée « L'aventure des plantes », la vie est un long service militaire, comportant pas mal d'exercices imposés. En ce sens-là, la vie est une école et le bon sens populaire a raison de parler de l'école de la vie. A l'école de la vie se révèle l'indispensable « Connais-toi toi-même » de Socrate. C'est le seul moyen d'éviter de répéter les trop graves erreurs. Mais bien malin qui oserait prétendre y parvenir... On continue à apprendre à tout âge.

Alphonse : Le premier lieu de l'expérimentation et de la vie, c'est mon corps. Il faut y revenir, car c'est avec lui que je fais mon chemin, il est mon chemin vers moi-même et vers Dieu, vers la Vérité. Dieu, en s'incarnant, a pris mon corps pour venir vers l'homme et nous a ainsi montré le chemin pour aller vers Lui. Par le corps que je suis, j'ai un accès immédiat à l'âme. Par le corps, je peux me détendre, me centrer et respirer. Tout mon être peut alors devenir une grande oreille pour percevoir et accueillir la Vérité qui vit à l'intérieur de tout ce qui m'arrive d'instant en instant. C'est pourquoi, Dieu Lui-même a donné la méthode du chemin spirituel de l'homme quand Il lui a révélé le premier et le plus grand commandement dans le Deutéronome : « Écoute, ô Israël ! » L'écoute est la base de tout, le nerf de la vie spirituelle et de toute la tradition monastique. Le vrai moine ne fait qu'une chose : écouter !

Jean-Marie : Oui... Il y a ce que vous appelez le « chemin ». Et c'est bien en chemin en effet que l'on découvre tout cela. La progression sur le chemin, c'est la capacité toujours nouvelle de voir dans les situations les plus inattendues un Dieu d'amour qui nous cherche. Ce fameux Dieu de tendresse et de miséricorde qu'on nous a si peu enseigné dans le catéchisme de notre enfance. Ma

19. J.-M. Pelt, *Le jardin de l'âme*, Fayard, 1998.

tante Annie n'aimait pas le « vieux Bon Dieu ». C'était ce Dieu qui sans cesse égrenait de nouvelles interdictions, le Dieu juge et vengeur du « tout est défendu ». Le Dieu de tendresse et de miséricorde, tellement plus fréquentable, est là à tout instant qui nous aime et nous protège. Stan Rougier écrit des choses admirables à ce sujet[20]. Cette protection nous est acquise en *toutes* circonstances. Même quand on ne la ressent plus, ce qui est une manière habile du démon pour nous troubler.

Je crois au Diable. Je me suis souvent demandé pourquoi Dieu et le Diable habitent à la même adresse, parce que rencontrer l'un et en être comblé suppose presque à coup sûr que dans les jours qui suivent on rencontre l'autre, et on en concevra quelque malheur. Ce constat troublant fait partie de l'expérience spirituelle. Il paraîtra étrange voire incompréhensible à la plupart. Mais le Diable est là et bien là. On le reconnaît à son habileté : se faire oublier pour l'immense majorité des gens, et taquiner les autres en mettant le doigt là où ça fait mal. Sans doute est-ce le Diable qui contrecarre le triomphe, ici et maintenant en ce monde tel qu'il est, de la promesse messianique. Si le christianisme n'a pas « réussi » à transformer cette terre en un paradis d'amour, à qui s'en prendre sinon à lui ? Les manifestations diaboliques sont géniales. Quand j'apprends qu'il n'y a que 18 % de Français qui croient au Diable, je me dis : « Il a bien joué le Diable, il a réussi à se faire oublier de 82 % de la population, quel succès, pour un peu, on serait fier de lui. » Seulement voilà, le Diable aussi a des problèmes : il peaufine bien ses coups, mais il y a toujours un détail qui cloche. Il vient à vous avec la beauté et l'habileté d'un ange mais c'est un ange déchu. Il a tourmenté d'innombrables saints, mais ils sont devenus saints quand même.

Il est donc légitime de croire que le monde finira par être sauvé. La terre entière et toute la création seront régénérées : c'est la terre nouvelle et les cieux nouveaux. Le Diable lui-même, comme le disait je ne sais plus quel

20. Stan Rougier, *Au commencement était l'amour*, Presses de la Renaissance, 2003.

Père de l'Église, « finira par venir se coucher et nous donner la patte ». Et ce sera la fin de l'Histoire !

Alphonse : On a parlé du désir tout à l'heure : c'est ce qu'il y a de plus profond en l'homme. Je pense que s'y trouvent à la fois Dieu, le Diable et notre liberté. Il y a les trois. Dieu nous appelle, nous attend, nous cherche, Il est l'Unique Désiré et notre désir sort de Lui comme le ruisseau d'une source. Mais de l'autre côté, il y a le Démon qui cherche à le happer, notre désir, à le mettre en prison et à le dévorer à travers mille appâts. Au milieu des deux, il y a notre liberté qui peut aller vers l'un ou vers l'autre, vers Dieu ou vers le Diable. Là se trouvent à la fois la grandeur et la décadence de notre liberté, cette invitation inhérente à l'homme de choisir à chaque instant d'aller vers l'un ou l'autre. Cela montre bien que notre liberté est en devenir par l'exercice constant et que la détermination est le fondement du Chemin de l'homme. Sans décision, l'homme n'a ni structure, ni chemin. Il mourra sans avoir vu le jour !

Jean-Marie : Une des satisfactions primaires du désir, c'est l'acte de manger. Or je vois dans la nourriture le lieu de tous les enjeux diaboliques. Quelques multinationales entendent bien imposer à l'humanité entière des aliments qu'elles auront elles-mêmes brevetés et qui leur rapporteront énormément d'argent. La nourriture devient alors, non plus le fruit du travail de la terre par le paysan, mais d'un *hold-up* formidable sur la nature désormais marchandisée, privatisée, brevetée, qui va donner à ces multinationales un pouvoir colossal, puisqu'elles seront les seules à mettre sur le marché les fameux organismes génétiquement modifiés (OGM) qui leur appartiendront en propre, comme leur appartiendront aussi les pesticides qui seront livrés en même temps que les semences dont elles auront le monopole.

Il est tout à fait intéressant de faire le lien entre ce que vous dites et ce paradoxe où l'on voit la nourriture devenue le premier enjeu de la société de consommation, de la société mondialisée. C'est un domaine où nous nous sommes à quelques-uns pas mal dépensés pour conserver un lien entre l'homme de la terre et le consommateur sans que vienne s'introduire dans cette chaîne courte la finance internationale, anonyme et mondialisée. C'est dans le domaine où nous sommes le plus proches de la nature, que les contre-valeurs d'une certaine modernité se sont insérées avec le plus de vigueur. En voulant régir collectivement la nature pour tout un chacun, on prive tout un chacun précisément de cette autonomie primaire qui est de choisir sa nourriture en fonction de valeurs touchant à la fois le corps et l'âme.

Rachel : Vous pouvez expliquer en quelques mots simples ce qu'est le transgénique ?

Jean-Marie : Ce sont des plantes dans lesquelles on a inséré un gène étranger et qui, à raison de 99 % des OGM existants actuellement, contiennent des pesticides, soit qu'on les a mis dedans, comme c'est le cas du maïs, soit qu'elles les tolèrent comme le soja quand on les répand sur leurs champs pour détruire les plantes parasites sans les détruire elles-mêmes parce qu'elles peuvent les supporter sans en mourir. Moralité, dans les deux cas de figure : on mange des plantes qui contiennent des traces de pesticides. La question qui se pose alors est celle-ci : « Que se passe-t-il si l'on consomme de ce maïs-là tous les jours, toute sa vie ? », comme c'est le cas dans certaines régions d'Amérique latine. Or cette question n'est jamais posée et, si elle l'était, la réponse serait sans doute : « On verra bien. » Notre souci était de développer des tests de toxicologie chronique sur ces OGM afin d'évaluer leurs éventuels impacts négatifs sur la santé et l'environnement comme on le fait pour les médicaments. Ceci a été refusé avec une belle obstination par les quelques multinationales qui fabriquent ces plantes et qui ont la chance de dépendre des ministères de l'Agriculture et non pas des ministères de la Santé ; car dans les ministères de la Santé, existe une culture de la toxicologie et de la vigilance qui n'existe pas dans les ministères de l'Agriculture. Ces plantes sont donc mises sur le marché sans information sur leurs effets à long terme.

Comme nous raisonnons à l'horizon des générations futures, nous en sommes fort préoccupés. Il faut ajouter à cela que ces OGM ne peuvent être fabriqués que par de très grandes entreprises qui ont les moyens scientifiques et technologiques de les produire, ce que n'auront jamais les coopératives de paysans, moyennant quoi ces paysans seront totalement dépendants de ces multinationales.

C'est ce qu'exprime le combat symbolique de José Bové. Les paysans ne pourront plus réensemencer les graines de leurs propres récoltes, parce qu'ils devront chaque année acheter les semences et les pesticides à ces multinationales. Cette réduction de l'autonomie du paysan par rapport à la multinationale fait très peur à bon nombre d'entre eux. L'idée sous-jacente à ces stratèges, c'est la conquête du marché mondial de l'alimentation et son contrôle, disons par les États-Unis. C'est la raison pour laquelle les consommateurs sont très réticents ; ils voient mal ce qu'ils ont à gagner à consommer des aliments qui contiennent ou risquent de contenir des pesticides.

L'Europe a décidé de laisser les consommateurs libres de leur choix en rendant obligatoire l'étiquetage des OGM. D'où l'existence parallèle de deux filières alimentaires distinctes, l'une avec OGM, l'autre sans, ce qui est immensément compliqué à gérer. Mais on veut donner au consommateur la possibilité de choisir. Tout cela suscite des débats à n'en plus finir, ce qui pose une question morale : pourquoi accorder de tels pouvoirs à quelques multinationales au seul nom du profit ?

Alphonse : Le risque, en somme, ce sont les pesticides ?

Jean-Marie : C'est un des risques. Il y en a d'autres. C'est le risque le plus immédiat. Mais comme ces technologies sont entièrement nouvelles, il est difficile de prévoir exactement la nature des risques qu'elles peuvent engendrer. C'est pourquoi les compagnies d'assurances refusent de les assurer.

Alphonse : Les pesticides sont un poison que l'homme ne peut pas assimiler ?

Jean-Marie : Les pesticides sont plus dangereux qu'on l'avait cru et posent aujourd'hui des problèmes de santé très importants. Certains ont dû être retirés du marché en raison de leurs effets cancérigènes. Puis on a découvert qu'ils mimaient les hormones femelles et entraînaient une étrange féminisation de la nature. Ce phénomène a été constaté dans de nombreuses espèces animales, y compris la nôtre où l'on constate un net appauvrissement du sperme en spermatozoïdes. On observe aussi des malformations congénitales chez les petits garçons car ces produits sont stockés dans les tissus adipeux de la maman, passent dans le lait et à travers le cordon pour se fixer dans le fœtus. En conséquence, dans la nature et chez l'homme de nombreux cas de transexualité sont observés, ainsi que le développement fréquent de comportements homosexuels. Ces phénomènes ont été observés chez des alligators, des tortues, des bélougas, des ours polaires, des pumas et aussi chez de nombreuses espèces d'oiseaux et d'amphibiens, tous exposés des années durant à des épandages de pesticides. Dans tous ces cas, les mâles sont stériles ou « absents ».

Ces mêmes pesticides ont souvent aussi des effets cancérigènes. Deux chiffres saisissants expriment la dangerosité de ces molécules sur la santé : les cancers du testicule ont été multipliés par vingt en vingt ans, et le nombre de spermatozoïdes dans le sperme a diminué de 50 % en cinquante ans. Des constats accablants qui appellent des mesures urgentes visant à réduire drastiquement la consommation de ces produits auxquels ont reconnaît aussi un rôle dans les cancers du sein et les pubertés précoces chez les filles, également en progression constante. Mais, dira-t-on, les pesticides, les OGM, c'est le progrès. Certes, mais un progrès de moins en moins choisi et de plus en plus subi, au moins pour les OGM qu'on a tenté d'imposer sans débat aux consommateurs. Beau thème de réflexion pour les écosophes, les philosophes de l'écologie, selon le beau néologisme de mon ami Joël Spiroux.

Alphonse : Il n'y a pas de coalitions de scientifiques écologistes ?

Jean-Marie : Pas suffisantes encore. Nous sommes le premier pays au monde, après les États-Unis, en ce qui concerne la production et la consommation de pesticides, et nous n'avons pas pris exemple sur les pays d'Europe du Nord comme le Danemark par exemple qui ont diminué leur consommation de 50 % en dix ans. Tout cela est aujourd'hui fort débattu au sein du monde agricole, mais reste très étranger à l'opinion publique, peu informée de ce problème.

Alphonse : Le problème transgénique n'est qu'un aspect des immenses problèmes écologiques que pose la pollution en général. Vous avez travaillé pendant des décennies dans ce domaine, quel est le centre de votre pensée à ce sujet-là ?

Jean-Marie : Quand nous avons créé l'Institut européen d'écologie en 1971, la pollution était un concept qui commençait à émerger. C'était un mot qui jusque-là désignait ces petits accidents qu'ont les petits garçons lorsqu'ils mouillent leur lit en dormant. Puis on a parlé de pollution des rivières : on craignait qu'elle empoisonne les poissons et nuise ainsi à la pêche. On interprétait la pollution comme une salissure de la nature, mais on ne voyait pas du tout l'impact de la pollution sur la santé humaine. Nous avons créé l'Institut européen d'écologie, avec cette idée chez nos interlocuteurs qu'on allait protéger les fleurs, les petits oiseaux et qu'on allait donner des rivières propres aux pêcheurs. Mais nous avons très rapidement inclus l'homme dans l'écologie.

Trente ans plus tard, et malgré des efforts incontestables, la pollution de l'air et de l'eau demeure un enjeu majeur de l'écologie, en particulier dans les pays du Sud. L'air pollué par les gaz d'échappement est devenu une véritable calamité dans les grandes métropoles comme Bangkok ou Mexico. Les gens circulent avec un mouchoir ou un masque sur le nez, et malheur à ceux qui sont fragiles des poumons. La mortalité du fait de ces pollutions est très importante. En France aussi, beaucoup de personnes, et pas seulement des personnes âgées souffrent de troubles broncho-pulmonaires lorsque les pics de pollution sont signalés. Les cosmonautes disent voir un immense nuage de pollution au-dessus de la Chine et de l'Inde. Lorsqu'ils survolent Pékin de nuit, ils ne voient qu'un vague nuage clair, mais ne peuvent distinguer aucun foyer lumineux tant le voile de pollution est important. Pour l'eau, c'est pire encore : 25 000 personnes dans le monde tombent malade chaque jour dans les pays du Sud pour avoir bu de l'eau contaminée et plusieurs milliers en meurent.

La montée des allergies est aussi en rapport direct avec le niveau de pollution. Les allergies et l'obésité, deux maux de plus en plus menaçants dans nos pays, expriment le prix à payer pour nos mauvaises habitudes alimentaires et nos niveaux de pollution qui restent souvent encore très élevés. Au cours des trente dernières années, on a beaucoup lutté contre les pollutions. Certaines sont stabilisées, d'autres non. Les deux grandes sources de pollution sont chez nous les voitures et l'ensemble des véhicules à moteur y compris les avions, mais aussi l'agriculture. C'est dans ces deux secteurs qu'il faut agir en priorité en se souvenant qu'il y a des gens qui meurent de pollution.

Rachel : Une conséquence importante de la pollution, c'est aussi la mutation du climat, non ?

Jean-Marie : La mutation du climat est liée au dégagement de gaz carbonique par les véhicules, les foyers domestiques et industriels, mais aussi les forêts et les puits de charbon qui brûlent spontanément. Le résultat est un net réchauffement du climat. En France les hivers froids sont plus rares qu'autrefois et les grandes périodes de beau temps de l'été méditerranéen sont modifiées par des pluies plus fréquentes. On constate aussi que les graves accidents météorologiques, tempêtes et inondations, sont plus fréquents qu'autrefois. La canicule de 2003 avec ses conséquences sanitaires dramatiques illustre bien ce phénomène de réchauffement du climat.

Alphonse : Il y a aujourd'hui des moyens pour remédier au gaz carbonique, par exemple des voitures qui marchent à l'électricité ?

Jean-Marie : On sait faire des voitures qui produisent moins de gaz carbonique. Partout, c'est la course à la voiture propre. Mais celle-ci n'est pas pour demain. Je doute qu'il y ait une suffisante volonté politique en ce domaine, car le lobby pétrolier, très puissant, pousse à la consommation quitte à épuiser toutes les ressources mondiales de pétrole vers 2050. C'est le fameux « après moi le déluge ». On ne vise que les profits immédiats sans songer aux générations futures. Il faut espérer que le concept de développement durable modifiera les mentalités.

Rachel : Quel est pour vous le problème majeur de l'écologie, le problème central ?

Jean-Marie : Le réchauffement climatique et la dégradation continue des pays du Sud et de leurs ressources agricoles et forestières. Certains d'entre eux, en accueillant des déchets toxiques, sont de surcroît les poubelles des pays riches. Les poches d'extrême pauvreté avec des disettes et des famines n'ont pas encore pu être éliminées. On peut dire que les pays du Sud payent un tribut beaucoup plus lourd que les pays du Nord à la mauvaise écologie de la planète.

Alphonse : Face à tout cela, comment résumeriez-vous votre message, votre appel à l'homme et aux humains d'aujourd'hui ?

Jean-Marie : D'abord la prise de conscience d'une nécessaire solidarité au niveau de la planète. A l'ONU, on se rencontre et on se parle. Ça n'est certes pas la perfection, mais c'est tout de même un lieu où l'on peut échanger et dialoguer au-delà des positions cristallisées et figées qui sont celles de tous les intégrismes, de tous les autoritarismes, de tous les « Gott mit uns », enfin, de tout ce qui fait que la terre est encore gérée aujourd'hui en fonction de critères de pouvoir. Je pense qu'il faudra parvenir à ce que les forces de paix fassent plus de bruit que les forces de guerre. Cela me paraît possible.

Avant la guerre en Irak, on a vu l'opinion publique mondiale se mobiliser, exprimer sa solidarité. C'est un fait extrêmement positif. Tout ce qui permet le développement d'un dialogue entre les cultures, avec comme référent la recherche de la paix, va dans le bon sens. Je crois que sur ce terrain-là les religions ont un travail colossal à faire. Le dialogue interreligieux qui émerge au début de ce millénaire doit se poursuivre et se renforcer. On s'apercevra qu'il y a des bouquets de valeurs communes qui pourront être mis en avant et qui pourront fleurir. Si l'on ne parle que de guerre et qu'on ne voit que des scènes de guerre et d'agression, alors oui, la planète et l'humanité sont en danger. Mais si au contraire on voit se lever d'autres messages, d'autres propos, d'autres élans, si les religions s'accordent pour délivrer des messages de paix, alors tout est possible et l'avenir est ouvert. Maintenir la paix et travailler pour le bien des générations futures, voilà le double message de l'écologie.

Le mot clé de ma vie

Alphonse : Vous avez utilisé plusieurs fois le mot « paix », serait-ce le mot clé de votre œuvre, de ce que vous avez à dire à l'homme ? Autrefois, j'étais lié à Albert Schweitzer ; nous nous écrivions et pour ses quatre-vingt-dix ans je lui ai demandé comment il résumerait toute sa vie en un seul mot. Il m'a répondu : ce mot, c'est « miséricorde ». De là est sorti, pour son anniversaire, un livre collectif avec quarante-cinq auteurs : *L'évangile de la miséricorde* aux éditions du Cerf. Quel serait pour vous le mot qui résumerait le mieux votre vie ?

Jean-Marie : Probablement le même. La miséricorde, c'est la capacité d'accueillir au fond tout ce qui se présente avec un regard dont le premier critère n'est pas de condamner mais de se rapprocher pour comprendre. Je suis très sensible à ce mot-là ; on l'a d'ailleurs beaucoup évoqué au début de notre conversation. J'ai de la tristesse quand l'Église exprime en des termes juridiques secs des condamnations et des exclusions dans des textes où ne pointe aucune miséricorde. Je parle naturellement de l'institution romaine, car l'Église c'est beaucoup plus, c'est la communauté de tous les chrétiens. Tour s'éclaire différemment par la miséricorde. Jésus a été profondément miséricordieux. Oui. Je dirais comme Schweitzer : « C'est la miséricorde. »

Alphonse : Dans son étymologie hébraïque, le mot miséricorde signifie l'infinie tendresse de Dieu, son amour fou pour l'homme. Est-ce que vous croyez que l'homme en est capable ?

Jean-Marie : D'être aimé comme ça ?

Alphonse : De laisser aimer et puis d'être aussi un témoin de cet amour pour l'autre.

Rachel : C'est une demande dans l'Évangile : « Bienheureux les miséricordieux, ils obtiendront miséricorde. »

Alphonse : Comme le traduit André Chouraqui : « Heureux les matricés. » Cela veut dire que la miséricorde est comme vrillée à notre corps, à notre ventre. L'homme est à l'image de Dieu, d'un Dieu qui est amour et tendresse ; c'est de cette capacité infinie que nous sommes dépositaires...

Jean-Marie : Être miséricordieux est parfois très difficile. On est souvent appelé à être miséricordieux envers tant de gens qui ne manifestent apparemment aucune miséricorde. On attaque, on se défend, on plaide en justice, on juge, on exclut, mais on pardonne si peu. Il est donc très important d'être miséricordieux pour qui ne sait pas l'être. En principe, je crois que la miséricorde couvre tous les êtres.

Rachel : La miséricorde est liée au pardon. Comme le pardon, la miséricorde est gratuite. Je n'attends rien en retour.

Jean-Marie : Je suis d'accord, mais c'est très difficile.

Alphonse : La miséricorde est aussi un autre mot pour dire « non-violence ». On peut donc supposer qu'il y a une dimension interpersonnelle, mais aussi collective entre les peuples et les nations. Croyez-vous que la non-violence soit possible ?

Jean-Marie : Je crois que c'est possible...

Alphonse : ... dans le dialogue, le respect de l'autre ?

Jean-Marie : C'est le début d'une grande ouverture. C'est être capable de recueillir de la miséricorde, de demander de la miséricorde. Un pas en avant important est franchi lorsqu'on est capable de recevoir ou de demander le pardon ou la miséricorde. Il est évidemment beaucoup plus facile, lorsque le pardon est demandé, de l'accorder. Mais il faut aussi l'accorder quand il n'est pas demandé. On peut l'accorder quand il n'est pas demandé lorsqu'on a compris les mécanismes qui ont produit le conflit. Mais c'est encore plus difficile quand on ne voit pas du tout ce qui a produit le conflit. Mais il faut quand même pratiquer la miséricorde et le pardon, et là c'est très difficile.

Rachel : Le Christ a dit : « Sans moi, vous ne pouvez rien faire. » Je pense que si l'homme ne s'appuie que sur la force de ses poignets, il n'a pas la force d'aller jusqu'à l'essence même de la miséricorde et du pardon. Sans le Christ, ce n'est pas possible, car on s'arrête au niveau psychologique.

Alphonse : Face aux problèmes de l'humanité, en particulier toute cette horreur que pose le problème écologique, est-ce que vous ne croyez pas qu'on est à la fin des temps ?

Jean-Marie : Qui peut répondre à une telle question ? Les temps ont toujours été durs, et je ne crois pas du tout au « bon vieux temps ». Les humains à travers toute l'histoire n'ont cessé de s'agresser, de se faire la guerre. Mais pour la première fois aujourd'hui, les enjeux sont planétaires et l'homme dispose de ces fameuses armes de destructions massives qui, notons-le, sont entre les mains des États-Unis et non de l'Irak. Je suis aussi très effrayé de la montée en puissance d'un capitalisme mondialisé qui fait peu de cas de l'homme, de la personne humaine, de son autonomie, de ses capacités imaginatives et créatives. Tout cela risque d'être remis en cause par le mur de l'argent que bâtissent avec zèle les thuriféraires de la mondialisation. De ce point de vue, nous serions plutôt, à mes yeux, dans une période régressive où la primauté de l'économique l'emporte sur la primauté de l'humain. Ce qui, en revanche, est encourageant, c'est que beaucoup d'hommes et de femmes se lèvent pour contrer cette évolution qui n'est pas fatale. Le « petit reste » dont parle l'Évangile, c'est beaucoup de monde.

Rachel : Vous avez dit le « petit reste »... J'y pensais justement ! J'allais dire : pourquoi est-ce qu'on parle de la fin des temps ? Le Christ a prédit que toutes ces choses allaient arriver et alors de « redresser la tête » !

Alphonse : Avec le Christ et les récits apocalyptiques, nous savons que la fin des temps est arrivée. Mais cela est puissamment prophétisé aussi dans les textes sacrés de l'Inde, notamment dans le Mahâbharta. Pour eux, l'époque actuelle est celle du Kâliyuga, où nous assistons à un déclin de plus en plus brutal de toute idée de civilisation et la disparition de tous les liens sociaux. Les lois ne seront plus appliquées, des guerres civiles surgiront, les animaux sauvages envahiront les villes. On y parle aussi d'une dégénérescence de l'espèce humaine et d'une misère généralisée accompagnée de calamités cosmiques énormes...

Jean-Marie : Oui, je ressens cela actuellement, je ne le ressentais pas de la même manière il y a quelques années. On a l'impression d'une confrontation titanesque entre, disons, les puissances d'argent et l'idéal des Béatitudes.

Rachel : Alors, « redresser la tête », cela veut dire quoi pour les disciples du Christ ?

Jean-Marie : Probablement assumer une certaine souffrance : celle d'être peu entendu et peu compris dans ce qu'on pense devoir dire parce que c'est important ; non pas naturellement pour les satisfactions de l'ego mais parce qu'on pense parler au nom des générations futures : nos enfants, nos petits-enfants et ceux qui les suivront auxquels on voudrait laisser une planète vivable. Mais on le dit « quand même ». L'Abbé Pierre en visite à notre Institut d'écologie, nous disait que « quand même » était son maître mot. Même si toutes les apparences étaient contraires, nous continuons notre action « quand même », et « même si... ».

Rachel : Ce fameux « même si », dont nous avons déjà parlé à propos de Job, est le maître mot de la mystique juive que le Christ a portée à son accomplissement et à sa plénitude. Que faire avec cette souffrance quand elle devient la nôtre, cette immense souffrance devant laquelle se trouve tout à coup l'humanité et puis chacun d'entre nous ?

Jean-Marie : Je crois que l'anthropologie contemporaine n'a pas de parole sur la souffrance. A ses yeux la souffrance est proprement insensée, c'est-à-dire dénuée de sens. Et comme elle est dénuée de sens, elle est assez largement camouflée. On regarde ailleurs, on se divertit. C'est très frappant à la télévision où d'innombrables émissions de divertissement précisément semblent suggérer une allégresse perpétuelle. Les participants s'applaudissent eux-mêmes avec frénésie. Il y a des débats sur des maladies, sur des cas touchants et bouleversants, mais il ne s'en dégage aucune anthropologie de la souffrance. Or, il y en avait une jadis.

J'ai été élevé avec l'idée de la souffrance rédemptrice. On accordait du prix à la souffrance : plus on souffrait, plus grands étaient les mérites car on participait à la souffrance du Christ. D'où ce dolorisme qui colorait de souffrances et d'ascèse le christianisme d'autrefois. Aujourd'hui, les temps ont changé, et notre perception du sens de la souffrance aussi. Première remarque : on ne peut pas passer à côté, surtout lorsqu'on est sensible au malheur des autres, proches ou lointains. Et puis elle est présente dans notre propre existence ; impossible de l'évacuer. J'ai souvent rêvé de la part de souffrance qu'on pourrait évacuer si l'humanité vivait conformément aux valeurs du christianisme ou tout simplement de la morale et des grandes religions. On pourrait alors évacuer beaucoup de souffrance. Il n'y aurait pas de faim dans le monde ; il n'y aurait pas un grand nombre de maladies qu'on attrape parce que l'eau est polluée dans la plupart des pays du Sud... Il y aurait moins d'agressivité entre les êtres humains et par conséquent moins de déchirements dans les relations humaines, etc.

Alphonse : Le Christ est venu, non pas pour enlever la souffrance, mais pour la transformer complètement. Il est vrai que les chrétiens mangent trois fois de trop, comme tout le monde... S'ils donnaient une des trois parts, plus personne ne mourrait de faim ! S'ils aimaient la nature comme un don de Dieu, ils cesseraient de la saccager, de jeter dans les forêts leurs bouteilles de Coca-Cola et leurs boîtes de sardines... En écoutant l'Évangile qui ne tarit pas sur ce sujet, ils travailleraient à être un peu moins inquiets et un peu plus joyeux, ce qui serait un ferment explosif au cœur de la détresse humaine... On ose à peine imaginer quels changements apporterait l'amour des ennemis ! Mais la véritable souffrance de l'homme, c'est d'être séparé de Dieu, le vrai malheur c'est de ne pas connaître le Christ...

Jean-Marie : On peut pousser le raisonnement plus loin et on s'aperçoit alors qu'il reste toujours une part de souffrance résiduelle, comme si l'état de l'homme en ce monde devait intégrer par une fatale nécessité une certaine part de souffrance. Je pense en effet que notre condition intègre une certaine part de souffrance. Nous la refusons aujourd'hui complètement et même au sein de l'Église où il n'y a plus de parole sur la souffrance. Après avoir dressé sur les autels des Christ sanglants, l'« homme des douleurs », nous avons maintenant mis à l'écart tout ce qui peut évoquer la souffrance à laquelle nous ne retrouvons plus aucune valeur et en tout cas, aucune valeur rédemptrice.

En conjuguant une grande sensibilité et une certaine lucidité, il m'arrive fréquemment d'être dans un état de souffrance en voyant l'état du monde. Je perçois le déroulement des événements loin d'avance. Quand on voit loin dans le temps comme dans l'espace, on perçoit effectivement des potentialités qui peuvent être très négatives. Malgré les efforts qu'on peut déployer pour essayer de les éviter aux générations futures, on souffre de cela. Je souffre aussi de l'état actuel du christianisme, c'est une vraie souffrance. Je vois qu'il ne produit plus aucune œuvre d'art, aucune œuvre de l'esprit, pas un film, aucune œuvre télévisuelle. Les psy sont partout, les religieux nulle part. On ne les rencontre pas sur les débats de société !

Culturellement, le christianisme est complètement marginalisé. Qui parlera en son nom, de manière audible quand les grandes voix, celles de Sœur Emmanuelle et de l'Abbé Pierre se seront tues ? Je souffre aussi du fait que les chrétiens de nos pays ne s'en aperçoivent pas, ce qui me paraît toujours surprenant. Ils n'ont pas l'air de voir ce qui se passe mais déjà ils s'éloignent des lieux où s'inscrit l'histoire. Le fait que le message n'est plus transmis aux générations futures me préoccupe beaucoup. Il m'arrive qu'à cette pensée le soir, lorsque j'égrène mon chapelet, mes yeux se mouillent de larmes. Je me dis : « Jésus ne sera plus aimé. » Cela me blesse beaucoup. C'est une souffrance.

Il y a beaucoup d'autres formes de souffrance. Des souffrances dues à l'agressivité que je supporte très mal et qui me rejoignent parfois dans ma vie personnelle. Mais curieusement je ne souffre pas à l'idée de la mort. Pour moi, comme je l'ai dit, mourir, c'est comme s'endormir. Une mort douce est un endormissement paisible. Dans ma famille, beaucoup sont morts ainsi. De même mourir sur le coup, dans un accident, ce n'est pas souffrir. Par contre les grandes souffrances sont effrayantes. J'ai toujours été, je le répète, un ami de la plante que je considère comme la plus importante, plus que le riz et plus que le blé : c'est le pavot, parce qu'il nous offre le moyen de vaincre ou d'alléger la souffrance. Hippocrate et avant lui, les Égyptiens et les Mésopotamiens, utilisaient déjà le suc de ses capsules, l'opium. Parce qu'ainsi ils parvenaient à atténuer la souffrance, les médecins de l'Antiquité avaient un grand crédit aux yeux des malades.

Nous devons, comme eux, mais avec des moyens accrus, tout faire pour réduire la souffrance, pour la diminuer au maximum. Il est bon de savoir que plusieurs médicaments sont en cours d'expérimentation pour venir à la rescousse du pavot et de la morphine qui en est issue. Ainsi peu à peu s'allègent les perspectives de fin de vie. Apaisante aussi pour moi, l'idée d'être enterré au cimetière de Rodemack auprès de mes parents. Auprès mais pas « entre », car l'éternité s'accommode mal des contraintes terrestres, fût-ce de la tutelle des parents !

Alphonse : Puisque le Christ est entré dans nos souffrances, Il récapitule toutes nos agonies et nos tortures pour les engloutir dans sa lumière. Alors tout s'inverse, le « corps de mort » devient « corps de résurrection ». Et plus on s'unit au Christ dans l'eucharistie, plus notre corps se transfigure et trouve son visage d'éternité. Le Christ est descendu dans le tombeau pour en faire une chambre nuptiale, comme nous le chantons aux Offices ressurectionnels. Il y a une manière chrétienne d'« épouser » la souffrance et la mort qui en fait alors un chemin d'Alliance avec l'Époux divin qu'est le Christ ressuscité. Ce que l'on mettra en terre à la fin de notre parcours terrestre, c'est uniquement la partie encore corruptible de notre « tunique de peau », le reste ne peut plus mourir. Donc... vous ne serez pas au cimetière ni à côté de vos parents !

Jean-Marie : Évidemment ! Puisque j'espère bien être au ciel, avec eux et avec vous.

Alphonse : L'éternité, ce n'est pas après la mort. Elle a commencé dès maintenant. Dieu en s'incarnant l'a introduite dans le temps, nous sommes donc déjà maintenant dans la vie éternelle. Comment dans ce royaume intérieur qui est notre vie éternelle déjà commencée, comment vivre dès maintenant la mort pour en finir avec elle ? Le Christ a « tout accompli », à nous maintenant d'entrer dans cette extraordinaire liberté qui nous est offerte ! La vie est désormais une fête, une surabondance de beauté, le Christ nous a libérés de l'utilité, du souci et de la pesanteur, Il a redonné à notre regard sa transparence originelle et nous permet à nouveau de voir la « flamme des choses » qui rayonnent toutes de sa pesanteur... Les saints sont des hommes comme vous et moi mais qui ont déjà accédé à cette Réalité inouïe. Saint Séraphin de Sarov, qui a vécu au siècle dernier, était physiquement comme un soleil, on avait du mal à le regarder ! L'état permanent de son âme était cette exultation pascale qui lui faisait dire à chaque personne qu'il rencontrait : « Ma joie, Christ est ressuscité ! » Et il enseignait le « joyeux mourir », il appelait sa propre mort « ma grande allégresse »... Devant tout cela, je pense que Léon Bloy avait raison de dire : « Il n'y a qu'une tristesse, c'est de n'être pas des saints ! » La seule vraie souffrance de l'homme vient de là...

Jean-Marie : Et pourtant, on ne s'habitue pas à la souffrance, on n'aime pas la souffrance, on veut éviter la souffrance et on a raison de le faire. Seulement voilà, il y a la souffrance quand même. Ce projet n'aboutit que partiellement. Quand la souffrance est là, elle a ce mauvais visage qui souvent vous submerge et vous rend précisément le chemin du Divin apparemment inaccessible. Quel travail sur soi-même que d'arriver à trouver de la joie là-dedans ! Je n'y parviens que rarement et quand j'y parviens, c'est petitement. Il y a par exemple certaines souffrances qui sont réitératives, répétitives. On croit qu'on en est débarrassé et puis voilà, cela revient avec ce côté un peu hideux du mal.

J'ai horreur du mal et du malin, et de leur manière de ricaner quand ils susurrent : « Tu vois je t'ai de nouveau bien eu. » Et là on ne passe pas à côté d'un moment d'accablement. Et puis on repart et la vie revient. Ce sont les déceptions, ceux qui promettent et ne tiennent pas, ceux sur qui on croit pouvoir compter mais dont on s'aperçoit douloureusement qu'on ne peut pas, ceux qui ont dit oui mais ce n'est pas un vrai oui. Notre environnement humain n'est pas toujours humain.

Mais il y a cette idée du « quand même », du « ne jamais se décourager » que je pratique avec cœur et obstination. Rien ne me décourage vraiment et je n'y ai aucun mérite : c'est ma nature. J'ai été très aidé par le « quand même » de l'Abbé Pierre. Il y a la souffrance aussi, pourquoi ne pas le dire, de se sentir quelque peu à la marge. Je ne suis pas quelqu'un de l'establishment, et d'ailleurs je ne suis pas parisien. Mes armes, ce sont la foi et les convictions que je défends. Mais le christianisme est faible et peu porteur. Et parfois j'ai même l'impression étrange d'être en marge du christianisme lui-même. Est-ce dû à un excès de lucidité sur sa faiblesse ? Je vois avec effarement le nombre de prêtres diminuer à toute vitesse, le nombre de paroisses par prêtre augmenter encore plus vite, dans une sorte de fuite en avant étrange où devant il y a le mur. Cela me soucie, bien que je ne sois pas évêque et que je n'y puisse rien. Mais je déplore infiniment qu'on n'ait pas encouragé, à l'ombre de chaque clocher, la présence de communautés priantes sous la houlette de laïcs méritants, voire de diacres. La gestion de la pénurie et du déclin est débilitante. Les églises fermées, c'est terrible.

Mais je continue d'un pas résolu, pas solitaire du tout, réconforté par les gens que je rejoins à travers les livres et les émissions et qui sont l'ultime justification de ce que je peux faire. Quand j'écris un livre, et surtout un livre comme celui-ci, je me sens très proche de ceux qui en le lisant y trouveront une occasion de se renforcer eux-mêmes et de dire à leur tour « quand même » et de repartir s'ils s'étaient arrêtés sur le Chemin. C'est en fait la raison d'être de mon action, ma motivation première. Et cela me revient à l'issue des conférences qui sont nombreuses. Beaucoup de gens viennent à la fin des conférences faire signer des livres et nous avons d'amicales conversations. Cela semble être utile à beaucoup. Ce doit être la fameuse communion des saints dont nous avons parlé. Donc ce n'est pas la peine de se poser des questions inutiles sur le point de savoir si ce qu'on fait est utile. Il semble bien que cela le soit. Continuons donc avec conviction et résolution. Il y a certes une conscience très vive de l'immensité de ses propres imperfections et de la longueur du chemin qui reste à parcourir si l'on entend persister dans une vision de l'existence : le péché sans doute...

Vieillir et mourir : la vie est gloire

Rachel : Je suis heureuse que vous ayez parlé du péché. Si le christianisme a perdu la foi, c'est d'abord parce qu'il a perdu le sens du péché. Si moi je ne me reconnais pas pécheur, je n'ai pas besoin d'un Sauveur. Et en rejetant le Christ, il y a le rejet aussi du Malin. Rejetant Dieu, rejetant le Malin, Dieu c'est moi !

Jean-Marie : Oui, et « le mal c'est les autres ». Nous nous serions plantés si je puis dire – c'est une expression de botaniste. Si le Christ n'était jamais venu nous tirer d'affaire, nous n'aurions qu'une perspective limitée à notre temps terrestre, comme c'est le cas pour tant de gens sur terre. Pourtant une vie limitée à sa fin temporelle et matérielle est écourtée. Décapitée aussi parce qu'il lui manque cette perspective de sortie des contraintes. On a parlé du corps et des contraintes qu'il impose et qui s'alourdissent avec l'âge. Contraintes très lourdes, contraintes aussi de l'âme avec ses difficultés à entretenir des relations de bonne qualité avec *tout* notre entourage, quelles que soient les blessures volontaires ou involontaires que l'on inflige ou que l'on reçoit.

Il y a encore les contraintes de l'esprit, cette mortification de ne pas avoir de réponses aux questions qu'en tant que scientifique on se pose : on voudrait percer les lois de l'évolution, de la vie ; connaître les lois qui font fonctionner l'univers. De tout cela, on ne sait que très peu de choses encore et quand on a un esprit curieux on peut se poser d'innombrables questions qui restent effectivement sans réponse.

Et puis on peut se poser aussi des questions par rapport à l'Éternité dans laquelle nous avons déjà un petit bout d'orteil. En fait je spécule peu à ce sujet : avoir confiance en un Dieu d'amour suffit. Autant je me pose des questions sur le darwinisme, l'évolution, la paléontologie, l'histoire de l'homme ou l'histoire du cosmos, autant je m'en pose peu sur le monde futur. Au fond je le vois comme le lieu et le temps de la réconciliation du cosmos tout entier, de la réparation de ce qui a été faussé quelque part – pourquoi et comment, je n'en sais rien – et qui se réconcilie. L'image de la réconciliation finale, de la paix enfin établie entre l'homme et la nature, mais aussi entre les hommes, est une image très belle, très douce et qui aurait tendance à me bercer plus qu'à m'interpeller sur le « comment ça marche » ? Je me réjouis simplement que cela va marcher.

Alphonse : Vous n'avez pas peur de vieillir ?

Jean-Marie : Non, pas du tout ! Je me dis que mon corps qui a eu des fantaisies toute sa vie en aura sans doute d'autres, mais on verra bien, on va laisser venir...

Alphonse : Le vieillissement, ce n'est pas quelque chose à venir ! C'est le sens même du temps. Le temps passe et nous enlève la vie de seconde en seconde. C'est par le temps que nous n'arrêtons pas de vieillir. Il est cruel, comme disent les Pères : « le temps, c'est le grand dévoreur des peuples ». Il engloutit des générations entières, et maintenant c'est à mon tour...

Jean-Marie : Je trouve étrangement que les jours passent toujours plus vite. On me dit que c'est là une expérience communément admise, à savoir que lorsqu'on prend de l'âge le temps s'accélère. On se lève, on se couche. C'est le nouvel an et nous voilà déjà au mois de juin !

Alphonse : Cela vous fait peur ?

Jean-Marie : Non, je le vis sans me poser la moindre question à ce sujet. Je n'ai qu'un vœu, celui de rester à la maison et d'y être soigné si nécessaire. Au fond, la

« communauté des vieillissants », dans une maison de retraite, me fait peur.

Rachel : Vivre sans dépendances...

Jean-Marie : Si je devais être dépendant, ce serait de préférence dépendant à la maison. Le Seigneur, dans un acte de bonté exquise m'a donné exactement la maison que j'attendais quand j'en avais besoin et n'en avais plus. J'aimerais y rester et y être soigné.

Je suis très frappé par la coupure qui existe désormais entre les générations. Tous les vieux ensemble dans une maison de vieux. On donne une conférence, il y a très peu de jeunes. Aurait-on vieilli ? Mais non : on va dans une école, un collège, un lycée, une fac : les jeunes sont là, proches, mordus, convaincus. Le message de l'écologie les concerne directement. Quelle jouvence ! Comment vivre sans les jeunes ? J'en ai un besoin intense. Je vis d'ailleurs avec des plus jeunes que moi et entends bien pouvoir bénéficier le plus longtemps possible de ce cadeau de la vie dans un environnement où l'on ne partage pas au quotidien ses petits ou grands maux comme seul sujet de conversation.

Les anciens doivent se mêler aux jeunes, les instruire et les éduquer. Or on fait le contraire, on les met au rancard. Le jeunisme bêtifiant de la télé m'exaspère : avec ce culte de la culture « jeune » à laquelle les anciens ne comprennent rien. Cette coupure des cultures et des générations me paraît casser la famille humaine. Cela m'inquiète.

Rachel : Et la mort ne vous fait pas peur non plus ?

Jean-Marie : Non.

Alphonse : Quel est le sens de la mort, pour vous, pour qu'elle ne vous fasse pas peur ?

Jean-Marie : Je ne voudrais pas être malade et souffrir. Mieux vaut mourir du cœur comme la plupart des Pelt. Tout à coup Jean-Marie serait mort. Le Seigneur aurait sifflé la fin de la partie, il dirait : « Viens mon p'tit Jean. » Le petit Jean viendrait avec sa barboteuse comme quand il avait cinq ans et grimperait illico sur les genoux du Seigneur...

ou de son grand-père. Il revivrait, pour l'Éternité entière, son enfance merveilleuse. Mort, on redevient jeune.

Alphonse : Et vous diriez quoi sur votre vie ? Diriez-vous comme l'autre : « La farce est jouée » ? Ou vous rendriez gloire pour tout ce qui s'est passé ?

Jean-Marie : Je dirais : « J'ai fait de mon mieux », j'ai bien fait quelques sottises, avec des circonstances atténuantes toutefois – on en trouve toujours quand on fait des bêtises. Mais oui « la partie est jouée ». Si j'avais eu d'autres qualités, j'aurais fait d'autres choses. Peut-être aurais-je fait de la politique, peut-être aurais-je créé une immense organisation écologique avec des correspondants dans le monde entier et des milliers d'adhérents. Mais non, c'est bien comme ça. J'ai évité d'être un homme de pouvoir. Le seul pouvoir que j'ai eu c'est de faire grandir autour de moi mes collaborateurs... Leur faire faire non ce qui m'aurait convenu qu'ils fissent mais essayer de développer leurs propres qualités humaines. J'ai vécu au fond dans un grand bouquet où j'ai vu de belles fleurs s'épanouir autour de moi, que j'avais copieusement arrosées. Certains, je l'espère, ont pu s'épanouir dans ces conditions-là. J'étais plutôt un accoucheur et ma vie fut en somme une vie de serviteur.

Rachel : Le dernier jour de votre vie, vous diriez à ceux qui vous entourent : « La vie est belle » ?

Jean-Marie : Ah oui, je dirais : « La vie est belle. » « N'essayez pas de comprendre comment elle fonctionne, vous n'y arriverez pas. Essayez plutôt de vous laisser porter par ses eaux douces et essayez de l'apprivoiser pour la mettre de votre côté. Surtout n'essayez jamais de la contraindre et de la dominer, parce qu'elle vous contraindra et vous dominera vous-mêmes. » C'est ce que je leur dirais.

Rachel : La vie est belle, dans la simplicité du quotidien. Les choses toutes banales, l'ordinaire, en fait, est extraordinaire. Mais il faut trouver la bonne manière de le vivre.

Jean-Marie : Ce que je ne voudrais pas, c'est qu'on se mette dans la tête de faire de la vie une chose, notre chose à nous. Cette idée est logée dans la tête d'un grand nombre de scientifiques. C'est l'idée prométhéenne, l'idée nietzschéenne, l'idée luciférienne, l'idée faustienne. Sans faire de mauvais jeux de mots avec Faust, c'est vraiment une idée fausse. La vie s'apprivoise. C'est un peu comme ces courants qui vous caressent dans des mers chaudes, ils vous portent et vous bercent. Parfois elle vous secoue un grand coup ; il faut alors réussir à retomber sur ses pattes, mais Dieu est la vie. La vie est de l'ordre du divin, pas de l'ordre de l'humain. Croire que moi, l'homme, je suis plus que la vie est un péché grave. L'homme n'est pas plus que la vie. La vie porte l'homme et l'homme émerge avec sa conscience et avec comme mission de surtout protéger la vie qui le porte et sans laquelle il n'existe pas. Il a maintenant le pouvoir de tuer massivement et la nature et ses semblables. Il faut qu'il soit encore plus prudent que dans les générations précédentes.

Alphonse : Nous sommes en Dieu comme un poisson dans l'eau. Il est notre éther, nous Le respirons et Il nous porte... « Je suis la vie », a dit le Christ Lui-même, et « Vivre c'est le Christ », insiste saint Paul. Au lieu d'être possédé par le monde et les choses, on peut se laisser posséder par Dieu et la vie divine. C'est une question de conscience et de travail sur la conscience, comme nous l'avons dit. S'éveiller à la conscience, c'est s'éveiller à l'Être et à la Joie, car les trois sont un. C'est par la conscience que nous devenons un avec Dieu, la sensation de la présence est en même temps la sensation du divin. Et cette sensation peut d'abord être celle de notre propre corps, tabernacle du Très Haut. Cette conscience sentie s'étend alors à toutes choses alentour, dont les apparences ne sont que le voile de la même Présence, l'Universelle Présence. Bientôt la conscience se concentre et se trouve absorbée de plus en plus par Elle. L'Amour et la Joie sont répandus partout. Tous les saints et les sages en témoignent. Mais pour cela, il faut, comme dit le Christ, redevenir de petits enfants, apprendre la simplicité et l'ouverture, cesser de se référer à nos superstructures intellectuelles, ressembler un peu aux arriérés mentaux...

Jean-Marie : Je pense à un jeune qui a un handicap mental. Il est handicapé à 90 % et travaille dans un atelier protégé. Il aime passionnément Jésus, dont les sœurs lui ont parlé dans l'établissement spécialisé où il a été à l'école. Il ne comprend pas pourquoi ce Jésus qui était si bon, non seulement on l'a tué, mais par-dessus le marché on a laissé courir Barrabas qui était un bandit. Il ressent cela comme une injustice qui le bouleverse. Et chaque fois qu'il regarde un film sur Jésus sur sa vidéo, il pleure. On le console. On le console parce qu'il a l'amour de Dieu. Il fait sa prière tous les jours. Le matin, quand il va au travail il dit : « Bonjour Jésus, comment vas-tu ? Est-ce que tu as bien dormi cette nuit ? » Quand il va se coucher, il dit : « Passe une bonne nuit. » C'est très émouvant, c'est une âme naïve, bien que pleine de ruse par ailleurs mais des ruses d'enfant. Il a pour Jésus cet amour fidèle et sûr que peut avoir un petit enfant pour sa maman.

Les pannes de l'intellect ont été plus que compensées par le développement des affects. L'intellect dessèche, le cœur réchauffe. Grâce à lui, je comprends que les petits arrivent en bonne place au Royaume des Cieux, parce qu'ils comprennent ce que les grands, à un moment donné, ne parviennent plus à comprendre, justement parce qu'ils pensent qu'ils sont grands.

Les grands sont rarement modestes, mais Robert Schuman le fut. Il nous a laissé ces quelques phrases où je me retrouve entièrement :

> « Nous sommes tous des instruments, bien imparfaits, d'une Providence qui s'en sert dans l'accomplissement des grands desseins qui nous dépassent.
>
> Cette certitude nous oblige à beaucoup de modestie, mais elle nous confère aussi une sérénité que ne justifieraient pas toujours nos expériences personnelles, considérées du point de vue simplement humain. »

Robert Schuman
(1945)

Notre reconnaissance très émue à
Barbara Verhelst
qui a transcrit notre dialogue
avec tant d'écoute et d'amour.

POUR ALLER PLUS LOIN :

Les livres de Jean-Marie Pelt, dont surtout :

Le tour du monde d'un écologiste, Fayard, 1990.
Dieu de l'Univers – Science et Foi, Fayard, 1995.
Le jardin de l'âme, Fayard, 1998.
Plantes et aliments transgéniques, Fayard, 1998.
La terre en héritage, Fayard, 2000.
L'avenir droit dans les yeux, Fayard, 2003.
La loi de la jungle : l'agressivité chez les plantes, les animaux et les hommes, Fayard, 2003.

L'Institut européen d'écologie – Les Récollets – 57000 Metz

Les livres d'Alphonse et Rachel Goettmann :

L'Au-delà au fond de nous-mêmes – Initiation à la méditation, Albin Michel, 1997.
Prière de Jésus : Prière du Cœur, Albin Michel, 1994.
Thérapies des maladies de l'âme – Diagnostic et remèdes, Presses de la Renaissance, 2004.
La joie, visage de Dieu dans l'homme, Desclée de Brouwer, 2000.

Avec des sessions à Béthanie – Prieuré Notre-Dame et Saint-Thiébault – 57680 Gorze

Table

Composé par Graphe à Quintin

Achevé d'imprimer en décembre 2003
sur les presses de Normandie Roto Impression s.a.s.
61250 Lonrai
pour le compte des Éditions Desclée de Brouwer
N° d'imprimeur : 032630

Dépôt légal : décembre 2003

Imprimé en France